1

CW00484768

INTRODUZIONE

E' la prima volta che comincio a scrivere qui a Erks.

Come sempre, ogni viaggio è una nuova scoperta, dentro me stessa. E' giovedì santo e Capilla Del Monte si è riempita di gente, che arriva da ogni lato del paese e io sono l'unica italiana presente in queste festività pasquali, almeno credo. Incontrando vecchi e nuovi amici, mi metto ad osservare e ciò che vedo è un mondo magico e controverso allo stesso tempo, dove fate e gnomi vivono in ogni sfumatura di verde, accompagnati da personaggi egoisti, che vendono fumo a turisti ingenui. Eppure, tutto scorre come il Rio Calabalumba, che sebbene povero d'acqua, non fa mancare la sua grazia e bellezza.

Ogni sogno riposto nel cuore, qui a Erks può divenire realtà, ma soltanto in pochi si accorgono dell'Amore che questa terra sprigiona. Sembrerò presuntuosa, lo so, ma non importa, poiché la verità va detta, con gentilezza, ma va espressa per manifestare la Legge dell'Amore puro che esiste in ogni tempo e luogo.

Ormai ho imparato a distinguere ogni incontro e a "prendere" da ogni circostanza e persona ciò che è giusto per me, rispettando la mia evoluzione e la mia anima, certa che seguendo il mio cuore farò il volere del Cielo e non il mio. In questo piccolo corpo si manifestano grandi incontri, forti esperienze che mi accrescono in comprensione, eppure, sempre più mi rendo conto di non sapere nulla e che tante sono le cose da imparare, che tante sono le voci che vorrei udire, che molti sono i cammini che vorrei percorrere. Sempre più in solitudine, scopro nuovi lati di me stessa, ma una cosa è certa: mi sento forte di ciò che sono e non mi "abbasso" più a ciò che non mi risuona, nel senso che qualunque sia la fonte, io ascolto SOLO il mio cuore. Questa è la mia forza e allo stesso tempo il braccio operativo della mia volontà. Nel lasciare andare ogni aspettativa, Erks sorprende il mio cuore, rendendolo strumento di contemplazione ed estasi.

Esseri soli ha un prezzo da pagare perché non sarai compreso, ma ciò che si apre in me quando medito davanti alla Montagna Sacra dell'Uritorco, merita questo ed altro. Il lato umano può essere superato e la personalità vinta dall'amore che sboccia sempre nuovo nella mia anima e la Gioia che sento quando sono Spirito, è la ragione per cui posso superare tutto.

Ho sempre cercato l'Estasi Divina, il raggiungimento di quello stato dell'essere in cui sei pienezza e completezza di pace e armonia ed Erks mi dona proprio questo: la Gioia Suprema!

Capisco che chi mi legge possa ritenermi esagerata o esaltata, ma la mia esperienza è l'unica maestra di cui mi fido e che mi ha formata in questa pazza scuola di Madre Gaia.

Talvolta, sento una struggente nostalgia per la mia Famiglia Cosmica, come se all'improvviso non avessi più sangue che scorre nelle vene, ma sempre mi fanno sentire amata e protetta e so con certezza assoluta che una volta terminato questo viaggio nell'illusione e avendo adempiuto alla mia missione animica, io tornerò per sempre a Casa... e la Gioia sarà perenne verità di luce che fluttua nelle più alte dimensioni dello Spirito.

Proprio per questo, osservo come nel mondo di Erks, sempre più ci siano discrepanze, dovute agli uomini che hanno dimenticato di avere un cuore. Ma la Luce della città azzurra, brilla sempre e splende per i puri e i semplici ed è per loro che racconto e scrivo... per coloro che attendono una parola e un segno per aprire la loro anima all'Amore Incondizionato di Erks.

Il Tempo scorre rapido e presto tutto sarà diverso, presto bisognerà attingere a ogni più profonda radice per non essere spazzati via dal tornado del cambiamento.

Chi si è messo in cammino avrà creato nel suo cuore riparo e devozione, ma chi non l'ha fatto, non avrà più tempo di farlo e comincerà un nuovo viaggio in altre scuole del creato.

Questo libro è per coloro i quali hanno scelto di camminare e di spingersi nelle zone d'ombra più remote della loro anima, perché hanno intuito che la Luce sta arrivando ad illuminare il loro cuore e vogliono essere pronti per riceverla.

Come sempre, lascerò condurre le mie dita sul computer, affinché scrivano ciò che la mia Amata Erks desideri, affinché ogni parola possa donare conforto e sprono, fiducia e allegria, perché ormai è Tempo di vivere la Verità.

CAPITOLO I

IL CAMBIAMENTO NELLA COSCIENZA

Questo libro vuole essere un progetto di sviluppo della coscienza, vuole essere un aiuto per allargare le percezioni del nostro sentire, affinché si possa creare un contatto sempre più profondo con la nostra Anima.

In questi ultimi due anni la mia vita si è completamente trasformata, è completamente diversa e a volte ho l'impressione di non aver mai vissuto tutto il dolore che invece ha strutturato tutti gli anni passati su questa meravigliosa, ma anche difficile Terra. Tante volte ho pensato di non farcela, eppure sono qui a scrivervi per dirvi che non solo è possibile farcela, ma che è anche certo, se riusciamo ad aprire il nostro cuore alle armoniche celesti.

Noi siamo costituiti da molti corpi, non soltanto da quello fisico e anche loro necessitano di essere nutriti e puliti dalle scorie del vecchio schema di pensiero che ci ha tenuti legati all'illusione fino ad ora. Ognuno di noi sceglie strade differenti, le più adeguate al proprio carattere o attitudine, ma quando parliamo di Spirito, le tecniche sono tutte improntate sull'immaginazione e sulla visualizzazione, poiché è dal nostro centro di proiezione galattica che iniziamo ad impartire "nuovi ordini e nuove abitudini", per invertire e rilasciare il vecchio sistema.

Quando immaginiamo, noi stiamo creando, stiamo iniziando a vedere con l'Occhio Uno e attraverso l'esercizio abituiamo la struttura mentale a fermarsi e a essere sottomessa al vero padrone di noi stessi: il cuore.

Dunque con l'immaginazione proiettiamo letteralmente delle nuove strutture pensiero, molto più sottili e leggere, che possono "viaggiare" attraverso spazi più fluidi e che ci portano alla scoperta del nostro meraviglioso mondo interiore.

Immaginando rinforziamo il corpo mentale ed eterico, influenzando positivamente anche il corpo emozionale e fisico, che con la pratica diventano sempre più sani e felici. Le nostre cellule cominciano a guarire e a sprigionare sempre più luce, accelerando sempre più il movimento rotatorio della luce che le costituisce, sino a divenire realmente spirito nella carne. Certamente ognuno ha i suoi tempi, ma ciò che conta è la volontà e il non riconoscimento con ciò che vediamo.

Mi spiego meglio: il punto principale di qualsiasi pratica basata sull'immaginazione e sulla visualizzazione è non perdere MAI di vista il fatto che siamo una proiezione del nostro vero Maestro Asceso e che tutto ciò che vediamo su questa terra di terza dimensione è una proiezione olografica della realtà, espressa come Luce. La Luce è un Campo Informazionale che si condensa in differenti forme, che appaiono reali, ma che reali non sono poiché sono sempre una proiezione della Sorgente, per cui ogni forma assume un contorno diverso in base a quanto siamo "vicini" alla Sorgente. Se potessimo vederci nei nostri corpi di Luce, comprenderemmo che la vera realtà è altro e che ciò che definiamo essere reale non è altro che una visione derivante dalla nostra frequenza vibratoria, in risonanza con la Fonte. Più siamo in risonanza con la Sorgente, più "puro" sarà il riflesso che vedremo della Realtà. Ovviamente, perché possiate dire che quello che sto dicendo corrisponde a verità, dovete provarlo, dovete farne esperienza diretta, perché solo vivendolo potrete davvero esserne certi.

Per arrivare alla verità, bisogna prima desiderarla ardentemente. Bisogna prima svuotarsi di ogni paura e incertezza, di ogni dubbio e pigrizia, perché se il nostro contenitore è già pieno, non può riempirsi di nuove informazioni, sebbene più sottili. Dunque il lavoro da fare inizialmente è smettere di alimentare il vecchio sistema di informazioni poiché solo non nutrendolo più, potrà morire a se stesso.

Spesso crediamo che per iniziare un percorso "spirituale" sia necessario apprendere, sapere, ma questo comporta in realtà, solo nuove informazioni da immagazzinare nella nostra mente e non ci porterà molto lontano. Saremo solo più istruiti, ma il sapere non dà la conoscenza. La Conoscenza è una conseguenza della riscoperta della Verità, non è dato dall'accumulo, ma dallo svuotamento di ogni cosa crediamo essere esistente. E' per questo che trovo essenziale lasciare andare tutto prima di immergerci nella Realtà della Luce.

Mi chiederete: come si fa a lasciar andare la rabbia, il rancore, l'ingiustizia??? Come si fa a non provare reazioni, siamo esseri umani, giusto? Nessuno ha mai detto che sia facile, almeno inizialmente. E' un allenamento che parte dalla nostra volontà di comprendere chi siamo e che poi diventa naturale, come riprendere la bicicletta dopo tanti anni. L'importante è imparare a pedalare, anzi ricordare che siamo già in grado di non cadere dalla sella perché il vero lavoro è proprio quello di acquisire la conoscenza DIRETTAMENTE DALLA NOSTRA ANIMA!

Il segreto per raggiungere la Sorgente è quello di sperimentare noi stessi ciò che sentiamo nel cuore e dandogli voce, ci accorgiamo che diventiamo sempre più forti e consapevoli, fino ad arrivare al nostro Sé.

Come sempre posso parlare solo per quello che riguarda la mia esperienza perché non v'è altra verità che la nostra esperienza diretta della Realtà, ma a volte la nostra esperienza può aiutare altri a compiere la propria. Perciò, come dico sempre, non credere a queste parole, ma mettile in pratica e guarda se risuonano in te. Camminare richiede sforzo da una parte e piacere dall'altra, nel senso che dobbiamo essere presenti sia nei momenti in cui investiamo le nostre energie per cambiare, sia in quelli in cui ci riposiamo e riprendiamo fiato, godendo dell'intero viaggio chiamato vita.

Spesso la mente interviene per dirti che non ce la farai mai, ma tu hai la volontà per non scegliere quel pensiero, per non accettarlo e rimandarlo al campo da cui è venuto. Impara a prendere ciò che ti corrisponde e non tutto quello che ti arriva. La capacità di giudizio verso noi stessi risiede nel nostro cuore, poiché non è la mente la nostra padrona, anche se finora è stato così. E quando cominci a dare ascolto al cuore, ti rendi conto che lui già sa cosa ti renderà felice, che lui già sa cosa è meglio per te, ma se tu permetti alla tua mente di intervenire e di prendere una posizione, sarà sempre il cuore a farne le spese e ti sembrerà di non aver compreso nulla.

Dunque impara a non giudicarti se "cadi" e fai tesoro di tutti gli insegnamenti che vengono dalle tue esperienze, lasciando andare l'inutile e ciò che ti impedisce di essere felice.

Ci hanno insegnato che senza sacrificarsi non c'è redenzione, ma non c'è niente di più sbagliato, per me, poiché redenzione significa vivere la verità su chi sei, significa sapere perché si è vissuto, significa semplicemente tornare all'universo e al suo spirito. Non è necessario soffrire... non più, cara anima. Ora è il Tempo della Gioia e della Pace, dell'Armonia e della Verità! Le catene vanno rotte... e solo tu hai le chiavi del lucchetto. Fintanto che crederai che gli altri sono responsabili di ciò che non va nella tua vita, mancherai l'obiettivo. Sei solo tu il creatore di ogni cosa, ma per creare consapevolmente devi "collegarti" alla Fonte della Vita tutta, devi tornare a Te, attraverso il tuo cuore.

Inizia a lasciare andare tutto quello che non ti risuona più e che ti fa star male e se proprio devi ancora convivere con situazioni che richiedono tempo prima di essere lasciate andare per sempre, godi dei miglioramenti e dei passi che stai compiendo verso questa realizzazione. Chiedi aiuto alle Schiere Celesti, affinché ti liberino da tutto quello che ti impedisce di contemplare lo Spirito e la Verità. Non sai quanta forza è riposta in te, fintanto che non lo sperimenterai!

Nella mia vita ho vissuto tante tappe, come tutti, altalenando fasi esaltanti a fasi deludenti e se dovessi tirare le somme ora, direi che quelle veramente spensierate, sono state pochissime. Barlumi di gioia durati un istante rispetto all'arco di una vita, legati a momenti dell'infanzia, a improvvise gioie come diventare madre o ad aperture improvvise alla pace e all'armonia della natura... momenti in cui si è fermata completamente la mente e ha parlato solo il cuore. Tutto era perfetto e senza condizione. Una sensazione di completezza e di pienezza che ancora ricordo nitidamente, come fosse accaduto un minuto fa. E questi attimi mi sono sempre tornati alla memoria quando non funzionava niente, quando dovevo affrontare dolori e problemi, quando tutto pareva essermi crollato addosso, senza avere più la forza di rialzarmi. Quei momenti di gioia si sono trasformati in speranza, nella convinzione che la vita non potesse essere solo sofferenza e paura; che la vita meritasse di essere vista con più ottimismo e fiducia perché dietro il velo ci doveva essere sicuramente un luogo in cui riposare in pace, senza doversi sempre preoccupare di essere ingannati e delusi.

E molto lentamente ricominciavo a camminare... e a sperare... e a sognare... e a sorridere... quello che voglio dire è che a prescindere da ciò che ci è successo finora nella nostra vita, abbiamo sempre la possibilità e l'occasione di ricominciare, fosse anche nel momento dell'ultimo respiro, perché il cambiamento non conosce spazio e tempo e quando un uomo decide con tutto se stesso di volere la Verità, allora tutto diventa eternità che fluttua e che abbraccia ogni manifestazione e la nostra vita si trasforma improvvisamente in un paradiso. Un paradiso che creiamo costantemente in connessione con l'intero creato, senza limiti, senza inganni, senza divisioni. Tutto diventa un vuoto da attraversare con stupore e sorpresa e noi siamo immersi nella gioia perenne che fluttua in ogni anfratto del Cuore Galattico.

Connettersi con la Vita è vivere uno stato dell'essere che torna al Primordiale Ascolto del Suono Cosmico e che diventa strumento d'Amore Universale.

Tutto ciò, però, diventa tuo solo se lo vivi... e ognuno ha il suo percorso per arrivarci, che compie in solitudine proprio perché è una ricerca personale. La cosa buffa è che tutta la ricerca cade all'improvviso, quando l'anima ha veramente compreso l'insegnamento del mondo illusorio, quando l'anima si arrende all'Amore Incondizionato perché ha integrato il non attaccamento e desidera solo ritornare alla Fonte, volendosi fondere con il proprio Creatore.

Il punto di non ritorno è il punto in cui si rompe qualcosa dentro, quando ti arrendi all'Ignoto, affidando a Lui tutto te stesso e lasciando ogni aspettativa su qualunque risultato. In quel preciso istante cade il velo dell'illusione e l'anima nasce nel corpo, come un sole che illumina il viaggio di ritorno a Casa.

Erks è stato questo per me. Ha rappresentato il punto di svolta della mia esistenza, nel momento di buio più intenso, quando davvero tutto mi sembrava irrimediabilmente perduto per sempre. Ecco perché sarò a Lei eternamente grata, perché mi ha fatto nascere nello stesso corpo, una seconda volta. Ecco perché il mio cuore è e sempre sarà eternamente innamorato della città azzurra e di tutti i suoi "abitanti". Perché in fondo quando diciamo Erks, ci riferiamo a tutti gli Esseri di Luce che la abitano, a tutti i Fratelli dello Spazio che la visitano e che rappresentano le Milizie Celesti e i Maestri Ascesi della Fratellanza Bianca che da sempre ci seguono con un amore inimmaginabile!

Erks è l'amore che ti può cambiare la vita per sempre, se solo tu glielo permetti. Non c'è bisogno di aver toccato il fondo per incontrarla, basta aver aperto il cuore all'amore e alla bellezza, basta voler vivere in pace e donare amore dal profondo del nostro cuore, perché ci rende felice farlo!

Il cambiamento della Coscienza avviene quando il colore dell'Amore entra in ogni spazio della nostra vita e questo non può prescindere dal condividere con gli altri, dall'amare loro come noi stessi, offrendo i nostri talenti alla comunità.

Coltivare buone abitudini aiuta a rinforzare la volontà nel perseguire ciò che ci indica il cuore; il cambiamento in noi non avviene dalla sera alla mattina, ma con pazienza e perseveranza, con devozione e fiducia. La resa che dobbiamo coltivare è la resa all'ego, non quella passiva al verificarsi degli eventi e proprio questo attiva il cambio di coscienza, il cambio di vibrazione che si sposta da una frequenza bassa a una sempre più elevata e man mano che "saliamo", l'Albero della Vita si mostra in tutto il suo splendore!

Se ci pensate bene ciò che ci fa sentire è la percezione di ciò che vediamo, ascoltiamo, odoriamo... il cambio frequenziale ci permette di avere percezioni sempre più sottili e meravigliose porte si aprono, per farti ammirare sconfinati Regni di Pace e Bellezza. La Coscienza si innalza nella percezione della Realtà, quando la Verità si mostra senza veli e tu vivi l'Amore puro. Ma tutto questo va vissuto in prima persona, senza intermediari.

Va sentito in ogni nostra cellula perché la Verità si sperimenta nel corpo, che diventa Luce, che torna all'origine della sua natura. E giungere a livelli percettivi sempre maggiori, dipende esclusivamente da quanto amore provi, da quanta energia riesci a muovere dal tuo cuore verso la Vita. Più doni amore, più tutto cambierà rapidamente, dandoti sempre più chiarezza e sicurezza sulla tua missione in questo mondo e vedrai accadere talmente tante sincronie, talmente tante inspiegabili cose che sempre più ti affiderai al Flusso... e la Coscienza diverrà tutto ciò che sei e sarai.

Vivere il cambiamento significa scegliere di donarsi ogni momento al Progetto Divino, senza dubbi, senza aspettative, con gioia e sorriso, anche quando le cose non filano lisce. Rimanere in ascolto del messaggio, saper pazientare e coltivare la distaccata osservazione degli eventi che possono mutare e tu devi essere sempre disposto a cambiare direzione, seguendo il nuovo percorso che la vita ti ha aperto davanti. Anche quando la strada è chiaramente quella, non è detto che la vita non ti metta alla prova cambiando le cose improvvisamente. L'allenamento è proprio quello di non desiderare qualcosa, ma solamente compierla in base al sentire, senza affezione poiché tutto è in continuo divenire, nella perfezione assoluta di Dio.

Questo richiede impegno e volontà, soprattutto nei momenti di "stallo", che io definisco così perché a prescindere da ciò che muovi, la Vita te lo smonta continuamente, nel senso che le cose cambiano repentinamente e quello che era valido al mattino non va più bene la sera. Così, in questi periodi, impari ad essere un osservatore ancora più attento, un viaggiatore che non interviene, che rimane in silenzio, guardando come dentro di sé si stia compiendo un'integrazione energetica molto importante, preludio di un nuovo salto verso una creazione consapevole sempre maggiore... questo è il Viaggio... molte persone credono che il passaggio dimensionale avverrà anche grazie "all'apparizione" dei Fratelli - e sicuramente è vero – ma nulla accadrà veramente se non saremo scesi dentro di noi, se prima non avremo compiuto un intimo lavoro per risvegliarci alla Coscienza. I Fratelli saranno tanto più visibili quanto più la nostra coscienza sarà risvegliata alla Luce e all'Amore, saremo noi a creare il contatto sempre più intimamente, fino a vivere la quinta dimensione anche in Terra.

Non è sempre facile camminare nel mondo, ma l'unione con i Fratelli dello Spazio e della Terra Interna diventa ancor più salda proprio durante quella luce che sembra diventare penombra. In quei frangenti, la loro vicinanza ci viene incontro in modi così sorprendenti che il cuore è come avesse preso una boccata di aria fresca che colma di gioia tutto il nostro essere... il contatto con Fratelli di altri Mondi, evoluti e meravigliosi, bellissimi e giusti, colorati di amore e pace, avverrà sempre più su larga scala, ma il vero cambio dipenderà dalla nostra apertura del cuore. E se ci fideremo del cuore, tutto l'Amore potrà operare attraverso di noi, potremo compiere gesta da eroi di altri Mondi, perché anche noi veniamo dalle Stelle. Molti di noi finalmente si stanno manifestando per ciò che sono, poiché le memorie si stanno riattivando geneticamente, attraverso lo scambio energetico dei filamenti del Dna con il Cuore Galattico. Ciò che sembrava impossibile soltanto pochi mesi fa, ora è in rapida crescita trasformativa, che ci porta a evolvere molto velocemente e a creare concrete azioni per realizzare i desideri della nostra anima. Il miracolo maggiore di questo straordinario Tempo è che se hai lavorato sull'apertura del cuore, ora è il momento di accogliere la manifestazione dell'Anima... e tutto cambia un'altra volta, aprendo praterie infinite su cui cavalcare la libertà della ritrovata appartenenza celeste!

Il risveglio della Coscienza è la ragione per cui siamo qui e ognuno ha la responsabilità di compiere la propria parte, ma proprio per questo non può essere imposta: va scelta con amore!

Anche quando non ci sentiamo degni, anche quando ci sentiamo soli e incompresi. Ogni passaggio fa parte della crescita, ma ciò che non deve MAI essere messo in dubbio, è il tuo ritorno a Casa, è la tua voglia di arrivare alla Verità. Costi quel che costi, la Verità esiste e tutto dipende da quanto aspiri a viverla dentro di te, perché senti che vivendola sarai liberato per sempre dall'illusione.

Questo desiderio è presente in me da quando lessi per la prima volta Yogananda - amato Swami - e la mia vita fece un balzo in avanti, verso l'approfondimento della persona e dei regni che in lei vivono... avevo 14-15 anni e anche se con alternanze e difficoltà, ho sempre ricercato... me ne rendo conto soltanto adesso, proprio mentre sto scrivendo, che in fondo non sono mai stata "ferma"... esistono tanti passaggi nella crescita evolutiva, ma tutti sono accomunati dal cercare di vedere oltre i fatti e comprendere il messaggio... ecco questo l'ho sempre fatto, per cui anche quando crediamo di "aver perso tempo" durante la nostra vita, in verità non è così perché siamo sempre cresciuti, maturati, arricchiti in saggezza e pazienza, con una visione più ampia e quindi più giusta. E se tutto è giusto, tutto è perfetto, in qualunque momento, ma quando cominci a sentire e a vivere questo stato di "distacco emotivo" e a essere sempre di più in pace senza ragione esteriore, allora i "segni" della Vita saranno sempre più evidenti e tutti i desideri del tuo cuore non solo coincideranno con quelli della vita, ma avrai tutte le chance e le carte in mano per farcela, per farcela alla grande!

Non sarà più importante l'idea che ti eri fatto per realizzare ciò che ti rendeva felice, per cui anche quando la vita cambia le carte in tavola, tu sai perché lo senti, che ti sta aspettando una cosa migliore e ti metti in ascolto del nuovo cambio frequenziale, per capire quale sarà la nuova direzione da intraprendere. Non perdi mai fiducia. A volte puoi essere stanco, si è vero, per lo meno è ancora vero per me, ma non metto mai in dubbio se ce la farò. Può cambiare il modo in cui raggiungere il sogno, ma non certo il se.

Mi accorgo che spesso sono impaziente, avendo ben chiara la visione di ciò che desidero realizzare, vorrei fare presto; ma quando riesco a mettere da parte la fretta e l'aspettativa su qualsiasi evento, ecco che arriva una pioggia di sorprese che fanno splendere il mio cuore di tale amore che sono già immensamente felice, ancor prima di realizzare... e questa grande energia di amore nutre sempre più il mio sogno, che a questo punto, è lo stesso che la Vita vuole per me.

Mi chiederete: come fai a esserne così certa?

Semplice: perché laddove è complicato significa che devo pazientare e osservare maggiormente e dove invece fila liscio basta camminare avanti.

Trovo che nella vita quotidiana bisogna essere pratici e semplici poiché questo ci porta ad essere lucidi e a capire quando è il momento di fermarsi e quando quello di agire, senza sentirci "né giù né su" in entrambi i casi.

Man mano che andremo avanti nel cammino, ci accorgeremo di vivere sempre più a lungo in uno stato contemplativo, in cui non si è scalfiti da nulla e in cui vivere in pace ogni attimo eterno di vita.

La Coscienza, dunque affiorerà spontaneamente e meravigliosamente in noi, facendo emergere la Grazia e la Fragranza del profumato Amore, che colmerà ogni nostro gesto, pensiero, parola, poiché incarneremo veramente l'Anima nella sacralità di un corpo.

CAPITOLO II

COME VIVERE ERKS A DISTANZA

Direi che sto diventando un'esperta a riguardo... a parte la battuta, è vero! Come sapete sono cambiate tante cose dal mio primo viaggio e con il tempo ho appreso che rapportarmi a Erks significa viverla ovunque sia. Queste parole hanno richiesto molto sforzo prima di sentirle mie veramente e so bene cosa significhe sentire la sua mancanza. Se fossi vissuta in sud America sarebbe stato sicuramente più semplice, sarei certamente tornata più spesso, ma essendo italiana, il viaggio richiede un tempo di preparazione più lungo, costringendomi a dover guardare negli occhi la mancanza fisica di Erks, soprattutto le prime volte. Ho dovuto confrontarmi con la lontananza, la nostalgia, la delusione, la solitudine... ma ne sono uscita sempre più forte, sapendo che tutto ciò che voglio è essere suo strumento.

Non nascondo che ancora oggi è un po' dura, nel senso che devo fare uno sforzo notevole di volontà per osservare la sua bellezza anche quando nella vita quotidiana mi capitano mille imprevisti.

Però faccio riferimento sempre a Lei, chiedendo ai Fratelli di aiutarmi nell'aver chiarezza di intenti e di azioni, affinché il progetto divino possa prendere forma attraverso di me.

Frantumare l'ego che affiora quando le cose sembrano deludere e gioire di momenti che si susseguono nella pienezza dello Spirito dell'Amore. Il lato umano sembra ci renda vulnerabili, mentre invece è la nostra porta d'accesso verso la sensibilità che ci rende unici. Ci sentiamo piccoli, ma siamo giganti di bontà se solo attingiamo all'Anima e alla sua eterna Luce che riempie le cellule di gioia e splendore. Quello che "pesa" di più, almeno per me, è dover spendere molta energia per cose che ritengo così superate, ma che ancora fanno parte delle cosiddette "regole del mondo". Dover confrontarsi con dinamiche obsolete che però si mostrano nella tua vita e dunque devi ancora metterti in gioco, anche se vorresti stare solo seduta tra le sacre Montagne di Erks, a gambe incrociate, a contemplare l'immensa bellezza che sale dalla tua anima.

Certo, sarebbe sicuramente più facile, ma non giusto, poiché se è tutto perfetto, sono dove devo stare e mi rimbocco le maniche tutti i sacrosanti giorni, perseguendo sempre le condizioni che sento risuonare nel mio cuore ed è in quei momenti che Erks dirompe con tutta la sua forza, facendomi sentire amata e protetta ovunque, sapendo che tornerò ancora da Lei, per periodi sempre più lunghi e che il sogno che ho nel cuore si manifesterà presto.

E allora tutto è meraviglioso, ancora una volta... e gioisco di ogni profumo, di ogni abbraccio, di ogni suono, poiché in tutto si riflette la Luce dell'Amore di Erks, in tutto vive la sua Bellezza... e la pace avvolge il mio cuore e tutto il mio essere.

Cos'è la distanza? Cosa intendiamo per lontananza? Essere in un posto che fisicamente si trova a molti chilometri rispetto a noi o sentirsi lontani anni luce dal luogo che ci fa essere in pace? In realtà la distanza è una percezione che vive in noi e non per tutti è la stessa. Ma proprio perché è una percezione, possiamo "lavorare", attraverso il nostro sentire, sull'apertura spazio temporale che crea il sentimento. Se ci alleniamo a vivere il mondo dal di dentro, ci renderemo sempre più conto che la distanza è un'illusione della mente, che cambia a seconda di quanta attenzione riponiamo nella presenza del cuore. Più siamo presenti nel qui e ora, più la distanza perde di significato, perché TUTTO DIPENDE DALLA NOSTRA PERCEZIONE DELLA REALTA'.

E più scendiamo in profondità, più riusciamo a essere presenti contemporaneamente a molteplici dimensioni, che vivono tutte simultaneamente in noi. Dunque la distanza è direttamente proporzionale alla nostra capacità di allargare il momento presente all'eternità che in esso è nascosta. Visto da questa prospettiva, nessun luogo è realmente distante da noi, poiché nessun luogo esiste se prima non è riconosciuto nello spazio sacro del nostro cuore. E più prendiamo confidenza con la verità di questa Legge Cosmica, più diventiamo viaggiatori multidimensionali, che possono scegliere in piena libertà e autonomia quando e come sperimentare l'energia creatrice che si muove nelle onde della manifestazione della materia densa.

Anche la fisica quantistica ha ormai dimostrato l'esistenza di un Campo Informazionale Intelligente in cui siamo immersi costantemente e ciò che viene definito realtà è solo un difetto percettivo legato ai nostri sensi. Ciò che definiamo vero è sempre dipendente dalla percezione che abbiamo e quando risvegliamo altri sensi, più sottili, intendiamo come tutto quello che credevamo vero prima, non lo è più dopo. Quindi tutto è mutevole e soggettivo, tutto può "allungarsi" o "restringersi" a seconda del grado di percezione che abbiamo sviluppato.

Tutto dipende da noi! Come sempre!

La distanza non è altro che la risonanza della nostra vibrazione con i luoghi di Madre Terra, ma questo è vero per qualunque luogo e spazio dell'Universo e oltre, per cui in questa ottica tutto è relativo e soprattutto TUTTO DIPENDE DALL'APERTURA DEL CUORE, poiché è nel cuore che ogni viaggio e sperimentazione ha inizio e fine. Ecco allora che la nostra volontà diventa strumento insostituibile per raggiungere quello stato in cui ogni percezione è contemporaneamente presente e proprio per questo diventa vera: PERCHE' LA SPERIMENTIAMO DENTRO DI NOI!!!

In questo periodo in cui sono lontana fisicamente da Erks, sto esercitandomi moltissimo con tecniche che utilizzano il respiro e l'apertura del terzo occhio, per raggiungere gradi di sempre maggiore maestria. Sto imparando sempre più che la meditazione è l'arma più importante che abbiamo e che sebbene ognuno di noi abbia il suo percorso spirituale da seguire, è fondamentale dedicare a noi stessi spazi sempre più ampi per interiorizzare la realtà. Diciamo spesso che la realtà si crea dal di dentro, ma sappiamo REALMENTE cosa questo significhi? Abbiamo mai percepito davvero cosa voglia dire creare dal di dentro?

Per poterlo fare, dobbiamo imparare a conoscere i nostri corpi sottili e a padroneggiarli per poter "viaggiare" attraverso di loro in quei Piani della Luce dove esiste la Conoscenza, dove attingere forza e saggezza, chiarezza e calma, da riportare nella terza dimensione. Quando impariamo a muoverci nelle dimensioni spirituali, comprendiamo sempre meglio come operare i cambiamenti nella nostra vita terrena, affinché si realizzino le condizioni per compiere il nostro divino Servizio. E la meditazione è la chiave che ci permette di rimanere sempre più centrati ed equilibrati, è un imprescindibile fonte a cui abbeverarsi OGNI GIORNO, poiché solo un incrollabile amore per la Verità, conduce a Dio.

A proposito di questo, vorrei spendere alcune parole sull'argomento meditazione. Nessuna predica, ci mancherebbe, è solo che desidero sottolineare bene quanto sia importante dedicare uno spazio giornaliero a noi stessi. La volontà ci aiuta nell'impegno e nella costanza e la pace è il frutto che raccogliamo facendo esperienza del vuoto interiore da cui nasce. Ognuno poi vive l'esperienza che deve vivere e per quel che mi riguarda, posso dire che assaporo sempre più momenti di tale beatitudine che assomigliano a delle estasi, in cui perdo completamente il tempo e il respiro. Durante gli esercizi si aprono spazi infiniti in cui visioni e voci si alternano insieme a meravigliosi luoghi, con colori così brillanti che vorrei che la meditazione non terminasse mai. Ed è così che non basta più quella mezz'ora al giorno, perché desidero sempre più vivere quelle percezioni e quando vuoi davvero dedicare altro tempo alla ricerca della Verità, l'Universo ti viene incontro in ogni modo possibile. E questo posso testimoniarlo perché è ciò che mi è accaduto. Il mio desiderio di avere sempre più tempo da dedicarmi a livello interiore e le mie preghiere rivolte al Cielo in tal senso, sono state di immediato riscontro. La Vita ha fatto in modo che io potessi permettermi di andare sempre meno nel mio negozio, di delegare di più, così da avere molte più ore disponibili ed è così che un altro meraviglioso capitolo della mia vita si è aperto. Le sincronicità mi hanno permesso di incontrare insegnamenti davvero potenti, ma come tutte le cose è richiesta applicazione, dedizione e disciplina. E così, giorno dopo giorno, mese dopo mese, ho sviluppato una grande attitudine alla presenza consapevole, sia in meditazione che durante la quotidianità. Tutto è più fluido e anche quando il periodo non è dei migliori, riporto più facilmente l'equilibrio nei miei corpi sottili, sentendo anche quando uno ha più necessità di un altro di essere "ripulito" o capendo se è il momento di agire o di fluire o ancora se è più saggio parlare o stare in silenzio. A dire il vero quest'ultima cosa è la più difficile da fare per me, ma sto migliorando.

Quello che voglio dire credo sia chiaro: se davvero vogliamo progredire nel cammino spirituale, se davvero vogliamo servire le Gerarchie della Luce che ci osservano con infinito amore, allora non possiamo prescindere dalla meditazione, dal dedicarci attenzione, dall'essere presenti, TUTTI I GIORNI, perché il contatto con il Sé va ricercato costantemente, anche se con allegria e spensieratezza. Meditare non è noioso, tutt'altro! Però lo dovete scoprire voi, su voi stessi e anche se all'inizio è sicuramente più faticoso, certamente raccoglierete frutti così dolci che la ricercherete sempre di più.

E proprio durante le mie ultime meditazioni, si ripetono certe visioni, certi Esseri, certi luoghi e dato che sono in procinto di partire per la Spagna e i Pirenei, credo proprio che avrò molte informazioni di cui parlare, al mio ritorno. Sento, inoltre, che un grande Cambio si sta preparando e mentre sto scrivendo siamo al 24 di luglio, tre giorni prima dell'eclissi. Sono ormai due settimane che l'energia è in rapida trasformazione e non sempre è semplice gestire le azioni e soprattutto le reazioni, che pare siano ritornate per farsi guarire definitivamente.

L'eclissi è avvenuta ed è stata la più potente che io abbia mai sentito. Non solo io ovviamente, ma ognuno l'ha vissuta in base al suo grado evolutivo, nel senso che i sintomi e i disagi sono stati molti, ma per coloro i quali non si erano adeguatamente preparati. Infatti, per altri è stata favolosa, rilasciando una potente energia, soave e leggera, che poi è stata sostituita da una maggiore "densità", nei giorni seguenti la eclissi. Ad ogni modo confermo la mia netta sensazione di un cambio che si svilupperà nei prossimi mesi, entro fine anno. Credo che ci sarà uno stacco nettissimo tra la leggerezza e lo schiacciamento, tutto dipende se si alzano le frequenze vibratorie. Chi non lo farà, sarà messo a dura prova poiché non reggerà la frequenza di Gaia né le nuove onde che arriveranno dal Cielo, ma chi aprirà il cuore, non potrebbe sognare momento più bello, quello in cui si è abbracciati dalle armoniche celesti, così avvolgenti da perdere la cognizione del tempo ed entrare nell'eternità.

Tutto è talmente veloce adesso! Questo lo vediamo tutti, ma chi lavora con se stesso ha la possibilità concreta di terminare le pendenze karmiche e così poter accogliere sempre più profondamente la Grazia Divina, che illuminerà le cellule rendendole puro Spirito.

Il tempo è sempre meno importante, sempre più dipendente dalla nostra capacità di seguire il cuore perché quando si segue il cuore, il tempo si ferma e nasce la felicità, la gioia senza ragione. Questi spazi si aprono sempre più e dunque è un processo che innesca il collasso temporale: prima o poi avverrà e saremo noi che faremo collassare il tempo, attraverso la nostra attenta osservazione del momento presente.

E' proprio durante questi momenti allargati all'infinito, che mi capita di avere chiari contatti telepatici con Civiltà Extraterrestri evolute e anche con Maestri Ascesi, i quali sono il collante cosmico per la realizzazione del Piano della Luce sulla Terra.

Siamo sempre accompagnati da Guide amorevoli che possono cambiare nel tempo, che stimolano i lati di noi stessi che dobbiamo migliorare o che sono di fondamentale importanza in base alla missione che dobbiamo svolgere. Ecco perché il contatto telepatico è bellissimo, perché tutto è così chiaro, che non si hanno dubbi su nulla, basta far seguire le azioni corrispondenti. I messaggi sono "flash" in cui è contenuto un pensiero ampio e lungo oppure possono manifestarsi attraverso colori e visioni che indicano la direzione del nostro percorso, o ancora vere e proprie conversazioni in luoghi eterici o solo sentire una luce che ti apre in due la testa e tutto diventa perfezione e pace... ci sono tanti modi di vivere il contatto e tutti sono giusti se sentiamo amore nel cuore. Non c'è quello migliore, quello più potente o quello più giusto: tutti sono perfetti perché sono perfetti PER NOI!

Quando il contatto avviene realmente, lo sappiamo e basta e siamo profondamente grati per sentire così tanta gioia nel cuore! Il contatto è semplice, il contatto è l'Amore che senti, il contatto è la tua irrinunciabile voglia di unirti a Dio!

Foto che ho scattato alla base del Cerro Uritorco nel Marzo 2016

Foto scattata durante una Tarea a Erks nel 2018

La Luce è la manifestazione divina da cui vengono create le sacre geometrie di attuazione creativa, che in base alla velocità di rotazione creano mondi di diverse dimensioni, fino ad arrivare alla terza, quella in cui viviamo, anche se siamo più vicini alla quarta, in realtà. Anche le nostre cellule compiono gli stessi movimenti rotatori del creato e la loro velocità determina la nostra frequenza vibratoria. Più siamo in grado di far entrare la Luce nelle nostre cellule, più loro saranno altamente vibranti, accelerando la nostra frequenza che attirerà Esseri di Luce evoluti e realtà di alta dimensione, che ipercomunicano con noi, indicandoci la strada da seguire o chiarendo alcuni passaggi o avvenimenti. Parlare con Loro è la cosa più naturale che c'è. Ora mi apro di più riguardo a questo argomento, poiché sento che è giunto il momento, per me e per chi mi legge. Sempre più saremo contattati da Civiltà Extraterrestri ed Esseri della Terra Interna usciranno sempre più allo scoperto, in superficie. Tutto sarà accelerato e la Verità sarà sotto gli occhi di tutti.

Non ci sarà nulla che non sarà rivelato, ma sarà rivelato solo ai puri di cuore poiché solo chi ha la purezza d'animo può conoscere l'Amore!

Come vi stavo dicendo prima, sto per partire per i Pirenei, ormai manca qualche giorno, ed Erks è particolarmente presente, anche attraverso i

Fratelli di superficie, la magnifica squadra di Fratelli abbraccia tutti e questo è MERAVIGLIOSO!

Al mio ritorno terminerò il libro; già so che farò esperienze importanti ai fini della scrittura di questo libro e che Erks mi sorprenderà con il suo immenso Amore!

CAPITOLO III

IL CONTATTO CON I PIRENEI E I SUOI GUARDIANI

Amo scrivere dei miei viaggi perché sono il modo di raccontare me stessa attraverso una "scala più ampia" di prospettive, che possono far scattare qualcosa dentro chi legge, qualcosa di profondo che abbia a che fare con il cuore. Sempre questo rimane il mio "obiettivo": risvegliare il lettore a se stesso, a ciò che ha dentro, affinché lo segua e sia un' Anima Felice.

Il viaggio in Spagna è stato davvero importante e intenso, soprattutto da un punto di vista di pazienza e visione allargata, senza le quali non avrei colto il senso profondo del vissuto.

In questo agosto sono tornate fuori tutte le incongruenze o i progressi dell'essere umano e ognuno ha dovuto fare i conti con la sua semina. Alcuni sono stati scontenti e si sono crogiolati nel vittimismo, altri non sono stati capaci neppure di vedere uno sprazzo di sole tra le nuvole, ma altri ancora non hanno mai smesso di aspirare al Cielo e ai suoi Custodi... pochi altri hanno sempre più la netta sensazione di vivere in una sovrapposizione dimensionale, che presenta la Realtà in tutta la sua

Bellezza e Potenza da un lato e tutta la sua incongruenza di vecchi sistemi dall'altro.

In questo agosto 2018 ci siamo mossi nelle sabbie mobili del sentire, nel senso che appena ci si allontanava dal cuore e dal suo centro, arrivava la scarica di elettricità dal cielo, costringendoci a convivere con malesseri fisici, più o meno seri, affinché rilasciassimo ogni più impercettibile inquietudine ancora presente nella nostra sfera emozionale e mentale. Questo ha richiesto spirito di umiltà e onestà e in pochi hanno voluto guardare la verità, ma chi l'ha fatto ha visto alleggerirsi notevolmente il suo carico karmico, potendo ora vedere con chiarezza il proseguo del cammino.

Il viaggio in Spagna è stato uno specchio gigante in cui guardarmi, in cui vedere tutti i miei progressi e le cose su cui devo ancora lavorare, tutti gli obiettivi che la mia anima desidera realizzare, andando sempre più in profondità. Insomma è stato un viaggio che mi ha insegnato veramente a rapportarmi con me stessa e con gli altri, dovendo mostrare ora fermezza ora tolleranza, ora pazienza ora comprensione, ma sopra ogni altra cosa ho imparato a volermi più bene, mostrando chiaramente il mio sentire, anche se questo ha significato spesso l'incomprensione.

Ho imparato a osservare come la natura faccia da specchio e ti mostri le ferite, tue e degli altri, affinché la tua presenza possa guarirle definitivamente; ho imparato a sentire molto più "sensibilmente" il segnale vibratorio delle creature e a fidarmi delle mie percezioni che non mentono mai.

Erks mi ha condotto nei Pirenei, mi ha accolto con contatti chiari e profondi e mi ha dato l'occasione di essere suo strumento ancora una volta e di conoscere anime speciali che saranno fondamentali pilastri per la diffusione della verità in tutto il mondo.

Sono nata in Europa per questo: per "unire" attraverso i due emisferi, tutti i cuori che incontrerò sul cammino e che Erks fa già in modo che conosca. In questo viaggio ho visto come i Fratelli siano sempre con me, con noi, appoggiandoci con incredibile presenza. Loro sono ovunque siamo noi e questa conferma mi ha reso immensamente grata da una parte e superfelice dall'altra perché sebbene abbia un programma che intendo attuare, non mi preoccupa più il suo risultato, nel senso che se cambiano i tempi di attuazione o persino il risultato stesso, non mi interessa più di tanto poiché la mia felicità dipende dal contatto con i Fratelli e con l'Amore e non dal raggiungimento di un fine o di un altro.

Ho lavorato molto sulla "parte umana", sulla personalità, che a volte rema contro corrente rispetto all'anima o magari è solo impaziente sul tempo di realizzazione di un'opera. Ma se io volo in alto, proprio come un'aquila e vado laddove l'insieme è un punto di altri insiemi che interagiscono tra loro, allora scende la calma nel cuore e comprendo che tutto E' GIA' PERFETTO, che non posso aggiungere nulla alla già esistente perfezione e d'altronde non posso neppure toglierle nulla, poiché essa è completa per natura. E dunque si vive quello stato di contatto che inizia a essere semipermanente, dico io, cioè ti basta spingere internamente sul terzo occhio, per avere la visione davanti al proiettore della tua mente cristallina, per scendere nei mondi interni o per viaggiare in realtà extraterrestri, o ancora per viaggiare nel tempo e guarire ferite che non ricordavi di avere e vivere il movimento cosmico dei tunnel di collegamento spazio-temporale. Se ti prendi tempo per osservare, la visione si allarga fino a farti vedere il cerchio e il centro nello stesso punto: il tuo cuore. E questo viaggio mi ha dato l'opportunità di dedicarmi tempo, soprattutto in una zona altamente energetica, sui Pre-Pirenei, non lontano in linea d'aria con la località di Monte Perdido.

Altri investigatori e "ricercatori energetici" hanno sperimentato contatti davvero sorprendenti proprio in Monte Perdido e gli amici che mi hanno ospitato, organizzano meditazioni massive di contatto, quattro volte l'anno, a cavallo dei solstizi e degli equinozi. Gruppi fino a 250 persone che si uniscono in meditazione, mantenendo alta l'energia per giorni consecutivi, in modo da facilitare il contatto che sempre avviene, in forma personale e collettiva, nei modi più impensabili e tangibili, che permettono al cuore di accogliere la radianza di Esseri meravigliosi, con i quali collaboriamo per l'avvento della Nuova Età dell'Oro e per la realizzazione del Piano di Luce sulla Terra.

Se c'è una cosa che ho imparato in Spagna, è che ogni cosa ha il suo tempo, che non puoi forzare quegli eventi sui quali il potere è solo del Cielo. Certamente abbiamo un potere di co-creazione, ma fintanto che non diventeremo VERAMENTE MAGHI COSMICI, ci stiamo allenando, stiamo ricordando come si fa a co-creare e in quella parte che richiede ancora studio e sperimentazione, interviene la Vita dicendoci: "Aspetta un momento, non è ancora tempo, vedrai che quando accadrà sarà perfetto e ne comprenderai il significato, che innescherà un'ulteriore apertura del tuo cuore."

Ho trascorso quattro giorni tra montagne con percorsi più o meno facili, con ruscelli e fonti sacre da visitare e in cui meditare. Il tempo era come allargato, dove vivere era solo seguire il corso del sole, dove ho vissuto secondo l'orologio biologico e non meccanico, osservando il sorgere di Marte accanto alla Luna e poi di Venere e Saturno, vederli tutti insieme nel cielo stellato, mentre i Fratelli non hanno mancato di farci visita e di farci sentire il loro immenso amore. Qui ho imparato la semplicità, quella autentica, che non richiede altro che osservazione pura, che gratitudine pura, che un cuore aperto alle meraviglie della vita!

Ero arrivata in Spagna per ragioni più grandi di me stessa, anche se ne sto comprendendo il pieno senso ancora oggi, quando sono tornata in Italia. Un viaggio profondo fa emergere un po' alla volta le verità su cui si deve lavorare o quelle verità che vanno soltanto riconosciute e devo dire che sta accadendo proprio questo. Riconoscimento sempre più profondo di chi io sia. Questo non è un atto di presunzione, ma di consapevolezza animica, che ha richiesto tanta fatica e impegno, ve lo posso assicurare.

Durante il primo viaggio argentino, un mio amico mi disse che sarei stata la messaggera di Erks in Europa e io avevo proprio dimenticato questa predizione.

Ma in effetti è quello che sta accadendo e proprio mentre ero in Spagna ho ricevuto un invito per una nuova presentazione nel mio paese, in una comunità che vive senza denaro da circa tre anni e che conta circa 5000 persone, le quali contribuiscono in forma personale e collettiva, al benessere di tutti e alla diffusione di tutte le conoscenze ed esperienze che conducano l'essere umano a vivere in pace, allargando i propri orizzonti e collaborando per lo sviluppo di nuovi sistemi energetici, più puliti, che rispettino Madre Natura. Insomma il nuovo mondo è già nato ed Erks mi sta guidando verso i luoghi in cui parlerò di Amore, del suo Amore e del cambio di vibrazione che può avvenire solo nel cuore, risvegliato il quale saremo in grado di comunicare con Fratelli evoluti dell'Universo e della Terra Interna.

Erks pensa sempre a tutto e lo fa così dolcemente! Mi dona chiari segnali e conoscenze che mi permettono di essere dove è giusto che sia, senza spendere eccessivamente, incontrando sempre più anime disposte ad aiutarmi per la realizzazione del progetto che desidero attuare, dandomi sempre gli strumenti più idonei per testare le mie capacità di gestione dell'imprevisto e di condivisione con il prossimo.

Non è semplice, ma ce la metto sempre tutta per essere all'altezza del compito che ho scelto di svolgere su questo pianeta. Vi stavo dicendo prima che sono sempre più consapevole di chi sono e ciò che conta davvero è splendere della Luce che in me vive. E per splendere è questione di presenza consapevole costante. Il lavoro che compio su me stessa è fondamentale per poter svolgere la missione dell'anima. Io voglio essere sempre in contatto con il Cielo, sempre più, perché per essere una messaggera d'amore devo essere in grado di rimanere solo un canale aperto alle vibrazioni della Città Azzurra, senza interferenze tra la personalità e l'ego. Ecco perché chiedo spesso conferme ai Fratelli, per essere sempre certa che ciò che sento di dover fare, corrisponda al Disegno divino e i segni che vedo sono commoventi dichiarazioni d'amore, che prendono forma nella materia con immediatezza e bellezza, con grazia e precisione.

Questo viaggio in Spagna ha rappresentato una pietra fondamentale su cui poggiare le mura della mia nuova vita. E' molto tempo che sto lavorando al mio sogno, intendo dire come realizzazione pratica perché il mio sogno è iniziato alla mia nascita. E gli ultimi mesi, esattamente da quando sono rientrata da Erks all'inizio di aprile scorso, tutto è stato molto faticoso, dispendioso a livello energetico, impegnativo fisicamente e a tratti veramente sfinente, perché ho visto scivolare la realizzazione del mio sogno, giorno dopo giorno, settimana dopo settimana, mese dopo mese... ho dovuto davvero sviluppare tanta visione allargata e pazienza e solo in Spagna ho avuto un'illuminazione, quando una sera, osservando il cielo di Rasal, il mio amico Diego mi disse: "Ricorda Alessandra, progetto grande, tempo grande! Tutto avviene quando siamo pronti per attuare il progetto divino, il nostro compito è solo quello di stare nel luogo in cui dobbiamo essere... i Fratelli sono dove siamo noi."

Quella frase mi folgorò, mi donò una visione chiara e perfetta, mi abbracciò con amore, come se una madre mi avesse accarezzato l'anima con il suo cuore... e la gioia si impossessò di me, facendomi vivere esperienze di contatto con i Fratelli anche lì a Rasal.

Ricordo la sera dell'arrivo in questo piccolo paesino nei Pre-Pirenei, era caldo, ma l'aria regalava un profumo di pace, quando Rosa, la moglie di Diego, ci chiese se volevamo andare a fare una passeggiata con Venus, la bellissima cagna, un incrocio favoloso tra un border collie e un mastino. Cominciammo a camminare e nessun rumore proveniva dalla strada, nessuna macchina, solo verde e sentieri in cui perdersi.

Si poteva passeggiare con la calma della natura dentro il cuore, cogliendo more dai cespugli che fiancheggiavano la stretta via che collegava Rasal ai Pirenei. Prendemmo un sentiero a destra e un piccolo ruscello apparve dopo pochi passi, per la gioia di Venus che si immerse cominciando a giocare con l'acqua. Sembrava un'immagine di un film che si trasformava in realtà, in cui più si camminava, più si sentiva il cambio di energia. Infatti, poco dopo aver guadato il piccolo corso d'acqua, apparve una chiesetta, dietro la quale spiccava una roccia che emanava una delicata energia, amplificata dal suono dell'acqua che scorreva praticamente sotto di lei.

Rosa ci disse di appoggiare le mani sulla roccia e sentire cosa si apriva in noi. Come sempre, chiusi gli occhi e toccai la montagna con le mani, lasciando che il respiro rallentasse naturalmente il ritmo e mi portasse in quello stato dove tutto è quiete. In un istante mi vidi entrare dentro la roccia, che si aprì come in una bolla di plasma e subito si presentarono due Esseri, uno Femminile e uno Maschile, che cominciarono a parlarmi e lentamente a mostrarmi alcuni scorci di un tempio in cui sgorgava una Fonte prodigiosa di guarigione.

Era bellissimo, con dei colori delicati, ma vivi, di sconosciuta lucentezza che emergeva dalla vegetazione vivace e senziente. Tutto era meravigliosamente VIVO! Osservando bene, vi erano molte Anime splendenti, che si rigeneravano nell'acqua-luce e io "sapevo" che prima di poter proseguire avrei dovuto purificarmi e liberarmi da tutte le scorie di terza dimensione. Le mie Guide erano alte, eteree, con occhi a mandorla, grandi teste rispetto al naso sottilissimo e la bocca quasi inesistente.

La loro vibrazione era così amorevole!

Mi mostrarono una parte del bosco incantato e mi dissero che il portale da cui ero entrata, era una delle entrate che collegava quel luogo a una piccola città sotto i Pirenei. Mi dissero inoltre che ci saremmo rivisti e mi comunicarono che per il momento non potevo entrare nell'acqua sacra, poiché tutto accade al momento giusto, secondo il tempo divino. Scomparvero rapidamente alla mia vista interiore ed io li ringraziai per avermi accolta con tanta gentilezza.

Quando aprii gli occhi, Rosa capì immediatamente che era accaduto qualcosa e quando le raccontai "il viaggio", il suo viso si allargò in un sorriso di felicità che mi fece sentire tutto il suo amore per questo sacro posto. Rimanemmo in silenzio per pochi minuti, solo a sentire i suoni della natura, senza fare altro che godere di tutte le meraviglie che avevamo già davanti agli occhi e nel nostro cuore. Il sole era tramontato e la sera cominciava ad affacciarsi nel cielo arancio e rosa, mentre Marte era già comparso vicino alla magnifica luna che si approssimava a diventare piena di lì a qualche giorno. Ci incamminammo verso casa, chiacchierando delle esperienze magnifiche che il mondo interiore può farti sperimentare, quando alzai di nuovo gli occhi al cielo e una specie di sfera cominciò a lampeggiare, tanto che esclamai:"Guardate, che bella!"

"Cosa?" - mi risposero Rosa e Sonia.

"Come cosa, quella sfera vicino a quella stella! Guardate, sta diventando più luminosa, la vedete ora?" - aggiunsi concitata.

"No, non vediamo niente."

Il tempo di finire la frase e la luce scomparve all'improvviso.

"Si vede che era un messaggio per te, Alessandra." - aggiunse Rosa con un sorriso malizioso e semplice al tempo stesso.

Davvero era un messaggio per me? Mi stavano salutando, accogliendomi in questo luogo speciale, con la solita sorprendente meraviglia che mi lasciava senza fiato.

Ero così felice!!! Sentivo dentro il mio cuore gratitudine e responsabilità allo stesso tempo, perché sentivo che quei giorni sarebbero stati fondamentali per attivare in me ulteriori percezioni, che sarebbero servite per terminare il libro che ora state leggendo. Sentivo che avrei dovuto rimanere più aperta possibile, nel senso che avrei dovuto osservare e ricordare ogni percezione, ogni sfumatura, affinché emergesse il messaggio che avrei dovuto dare in questo scritto.

Così decisi di godermi il viaggio, senza fare null'altro, assecondando i segnali e le pause che mi venivano da dentro, vivendo solo secondo i ritmi naturali, cercando ci respirare tutta la bellezza in cui ero immersa.

A Rasal c'era una fonte che scorreva perennemente, poche case con pochissime persone, qualche gatto e cane e natura! Non c'era nient'altro, tanto che la mente spesso si indispettiva per la mancanza di regole o di cose da programmare. Lì c'era il contatto con ciò che ero diventata da quando avevo incontrato Erks, nel marzo del 2016. Quante cose erano accadute da allora, quanta strada avevo fatto e solo ora me ne rendevo conto, come se tutto quel cammino dovesse scendere ancor più in profondità, come se dovessi voltarmi un attimo indietro e apprezzare ciò che avevo fino allora costruito. A me pareva di non aver fatto proprio nulla di speciale, ma evidentemente non era così, nel senso che avevo risposto attivamente alla Chiamata di Erks e avevo proseguito agendo con tutta la mia volontà e costanza. Per me era normale in quanto non potevo fare altrimenti, ma mi stavo rendendo conto che questa "forza" e determinazione non erano comuni nelle altre persone. E dunque una nuova responsabilità stava nascendo in me, una gioia infinita perché sentivo che ero degna di essere uno strumento di Luce di Erks, che potevo finalmente realizzare il mio SOGNO!

Sapevo che quella parte del viaggio avrebbe rappresentato una svolta che mi avrebbe condotto al contatto con altri Fratelli Intraterreni ed Extraterrestri e che era solo questione di tempo: si sarebbero manifestati per guidarmi verso nuovi portali, posti sotto la montagna. Io non dovevo fare nulla, solo essere presente, allenandomi seguendo il respiro e l'osservazione, fino al punto in cui il Vuoto sarebbe comparso per aprirmi a Mondi Dimensionali tutti da esplorare.

Quella sera chiacchierammo fino a tardi, fino a quando la stanchezza non prevalse sul corpo fisico, ma non prima di aver visto alcune navi solcare il magnifico cielo di Rasal. Tutto accade secondo il tempo interiore e tutta la fretta degli ultimi mesi, lasciò il posto alla pace e alla quiete di quel piccolissimo paesino, ai piedi dei Pirenei.

Fotogramma di un video che ho girato nel Marzo 2018 alla base del

Cerro Uritorco, dopo una profonda meditazione

CAPITOLO IV

SAN JUAN DE LA PEÑA

Era una giornata molto calda, così uscimmo di buon'ora, per andare a visitare il santuario di San Juan de la Pena, praticamente di fronte a Monte Perdido, il luogo dei Pirenei dove Rosa e Diego avevano già fatto diverse meditazioni di contatto, con gruppi numerosi. I loro racconti mi lasciarono senza parole e umanamente mi augurai di poter vivere anch'io una straordinaria esperienza di contatto.

In un'oretta arrivammo al santuario, un luogo con una vista spettacolare che abbracciava tutta la catena montuosa dei Pirenei. Il calore cominciava a farsi sentire, così Diego, prima di farci visitare il Monastero costruito letteralmente dentro la montagna, ci condusse su un'altura silenziosa e isolata, dove non c'era assolutamente nessuno, in cui avremmo fatto una meditazione semplice, ma estremamente percettiva.

Mi sedetti, a gambe incrociate, comodamente allineata con la spina dorsale dritta e cominciai a meditare, seguendo la voce di Diego che ci guidava nel contatto con il Mondo Interno.

In pochi respiri, fui giù, dentro le profondità della Montagna.

Un Guardiano era davanti al portale di connessione e mi diede il benvenuto, aprendo una porta molto grande, con un arco luminoso che diventò gigantesco, allargandosi direttamente in un campo bellissimo, giallo, arancio e verde. Mentre osservavo tanta bellezza, si avvicinò una Guida e subito dopo un'altra e insieme cominciammo a camminare. Quella prateria si trasformò in un tunnel nel quale i nostri passi erano come sospesi, come se non ci fosse stata gravitazione. Era una sensazione bellissima, di estrema pace e leggerezza che mi accompagnò per tutto il "viaggio". Incrociammo altri tunnel e le mie Guide sceglievano a ogni "bivio" un nuovo tunnel, mentre i colori cambiavano di brillantezza e la grandezza dell'ambiente era variabile, come se le prospettive non avessero senso e tutto fosse ovattato e cambiabile a volontà di chi transitava nel tunnel. E' difficile da spiegare, però la sensazione era di una pace irraccontabile.

Poco dopo, ecco aprirsi una radura incantevole, con una fonte e un piccolo lago, dal quale emergevano vapori lucenti. Vi erano immerse diverse creature meravigliose, che emanavano un'energia amorevole. Arrivai sulla riva e sentii dentro di me le voci delle mie Guide, che mi indicavano l'acqua.

Dovevo entrare per purificarmi perché questa volta dovevo proseguire. Così, con eccitazione e desiderio, mi immersi nelle acque tiepide, camminando fino al punto vita e poi tuffandomi letteralmente sotto alla luce. Ah, fu fantastico!!! Una rigenerazione totale, quasi istantanea, come se le cellule venissero nutrite dalla luce, trasformando il loro campo gravitazionale in uno molto più rapido e pulito, come se tutto fosse leggero e in armonia perfetta con l'intero Creato! Tutto era soave e meraviglioso!

Questo luogo era sacro, le Anime vi si recavano per rigenerare la forza vitale e mantenere una frequenza vibratoria pacifica e compassionevole. Era un luogo magico, in cui ogni fiore e animale era accolto con amore e rispetto, un tutt'uno con il cuore che osservava il miracolo divino.

Dopo aver fatto un altro paio di tuffi, nuotando sott'acqua con estrema naturalezza, sentii che era ora di uscire e di proseguire il mio viaggio. Il pensiero creava istantaneamente ed io ero già in cammino con le Guide sempre vicine, una a destra e una a sinistra. Attraversammo una specie di foresta, con molte piante di un verde cangiante e vivo, con alberi giganti pieni di rami mobili che cambiavano forma e spessore al passaggio di altri esseri. In un attimo giungemmo davanti a un Tempio, in parte coperto da queste liane avvolgenti, come a proteggerlo, ad abbracciarlo con compassione. Entrammo e improvvisamente ci trovammo sotto terra, in una sala lucente, con uno specchio di plasma che fluttuava, sul quale si "proiettavano" immagini sempre diverse. Al centro della Sala maestosa, si trovava un Essere molto alto, snello, dall'aspetto maschile, con capelli lunghi, biondi. Il suo viso era radioso e non potevo vederlo che a una certa distanza, poiché la sua radianza era stata troppo forte per me. Telepaticamente mi diede il benvenuto e mi disse che quel contatto sarebbe stato un'importante apertura nella mia mente superiore, che mi avrebbe permesso di "ricevere" con più chiarezza i messaggi telepatici.

Non era un caso che mi trovassi in Spagna, in quel luogo, sotto il quale era evidente ci fosse un portale di accesso a una piccola città intraterrena, abitata da Esseri pacifici ed evoluti, in contatto con Erks. Infatti l'Essere celestiale continuò dicendo: "Qui si trova un accesso al mondo Intraterreno e attraverso i tunnel spazio temporali viaggiamo in tutta la superficie della Terra Cava. Operiamo in accordo al Governo Centrale Celeste e alla Grande Fratellanza Bianca e ti trovi qui proprio per testimoniare che tutto questo esiste. Anche in Europa ci sono punti sacri, anche se il risveglio planetario del Nuovo Mondo emergerà in Sud America e in America del Nord.

Sei Ponte tra Europa e Argentina e anche attraverso il tuo diffondere, il Ponte Celeste si amplierà collegando sempre più anime alla loro Famiglia Cosmica. Venendo in questi luoghi permetti l'attivazione dei tuoi codici genetici, che ti serviranno per svolgere la tua missione d'anima. Questo è il messaggio: costruisci l'unità tra due mondi così distanti, crea una nuova visione in cui vivere. Noi ti aiuteremo. Nel tempo si organizzeranno meditazioni di contatto tra Italia, Spagna, Argentina e altri paesi del Sud America, stabilite dall'Ordine del Consiglio. Tutto è perfetto, sei sempre accompagnata, sorella!"

Ero stupita da un lato, ma dall'altro mi sembrava la cosa più naturale del mondo, come se avessi sempre vissuto in quel luogo, in quel tempo - non tempo... non so, era tutto talmente familiare che feci fatica a salutare l'amato Fratello Maggiore, ma così era.

Mi ritrovai rapidamente a tornare indietro, facendo un'altra "strada", dentro a tunnel di luce che apparivano all'improvviso, per poi scomparire quando giungemmo alla prima Porta, quella con il Guardiano gigante, che era in piedi ad attenderci. Salutai le amabili Guide e il Gigante Buono e in pochi respiri fui di nuovo in superficie. Rimasi in ascolto del corpo per qualche minuto, per integrare completamente il viaggio appena fatto e aprii gli occhi, ancora pieni di tante meraviglie.

I Pirenei erano davvero un luogo speciale! Anche se non ero proprio nel cuore dei Pirenei, in linea d'aria erano vicinissimi e l'esperienza appena avuta, mi fece capire che l'area energetica era vasta e permetteva di connettersi con più rapidità e semplicità rispetto ad altri luoghi dell'Europa.

L'energia del posto è importante per poter svolgere un lavoro interiore e di meditazione di contatto.

Ho potuto constatare che più l'area è "vergine", incontaminata e più i luoghi sono energetici. Mi direte che non è una scoperta, ma lo è stata per me e quando si somma anche la vicinanza a luoghi eterici di una certa rilevanza, allora siamo davvero molto più "predisposti" a ricevere informazioni, siamo più percettivi, grazie alla frequenza vibrazionale del luogo. Ovviamente anche noi facciamo la nostra parte, ma di sicuro meditare in posti particolarmente energetici, facilita il rilassamento e lo stop della mente e il contatto avviene nella semplicità. Inoltre, è importante meditare in gruppi, piccoli o grandi, ma comunque avere la possibilità di condividere e di scambiare le esperienze che accadono inevitabilmente quando si "lavora" con le Gerarchie della Luce.

E' questo un altro aspetto interessante e meraviglioso: ovunque siamo nel mondo, siamo nell'esatto punto e nell'esatto momento in cui dovremmo essere, poi sta a noi farne un momento unico. Siamo noi che rendiamo possibile il verificarsi dei "suggerimenti universali" e ovunque siamo noi, sono i Fratelli.

Questa è un'altra cosa che mi ha molto colpito in questo viaggio spagnolo: Loro sono in noi e ci "seguono" ovunque, per darci conforto, fiducia e aiuto. Lo sapevo già in realtà, ma non l'avevo mai vissuto così intensamente e probabilmente non conoscevo veramente il suo significato profondo. Sui Pirenei ho avuto la conferma che è così, che se seguiamo il cuore e i suoi suggerimenti, arriveremo nel luogo giusto per noi, perfetto per sviluppare i nostri talenti e per migliorare l'ascolto del nostro Sè Superiore.

Fidarsi del cuore implica cieca fiducia, nel senso che a volte non comprendi quale sia il tuo "progetto divino", però senti che ti devi spostare in un certo luogo, che lì ascolterai il Silenzio e anche se non sai perché, SENTI che devi andare.

E poi tutto può accadere, guarda me?

Non conoscevo Erks né dove fosse, ma quando guardai una sua foto con i quarzi, mi innamorai e sentii subito che dovevo andare. In realtà, i luoghi ci chiamano a loro quando siamo pronti per ascoltare la loro voce antica, che prima non saremmo stati disposti ad udire.

E la Spagna è stata un luogo davvero sorprendente, mi ha insegnato che la fermata è l'ascolto, nel senso che il tempo è una visione di come percepisci te stesso e che nel lasciar scorrere le giornate seguendo il ritmo naturale della vita, ho vissuto davvero la vita, solo lasciandola scorrere e immergendomi in lei come in un fiume che segue la via per il mare.

E più ti immergi, più tutto fluisce e questa apertura maggiore verso la Vita, ti fa ricevere ogni forma di abbondanza, fatta di incontri, di luoghi, di esseri, di occasioni, di salute, di energia... sotto ogni tipo di forma: fisica, mentale, emozionale, spirituale, sei in equilibrio con tutto, dentro e fuori te stesso.

Terminata la meditazione, mi sentivo leggerissima e faticai un po' a "ritornare" del tutto, però ci aspettava la visita al monastero di San Juan de La Pena, che si trovava proprio all'interno della montagna.

Una leggenda narrava di come fu eccezionale la scoperta di questo luogo, quando un ragazzo a caccia di cervi, ne inseguì uno che finì in un dirupo e nel vedere la tragica morte dell'animale, l'uomo scoprì che si trovava su questa imponente costruzione, dentro la roccia. Per ringraziare il Cielo di non aver fatto la fine del cervo, lui e i suoi fratelli divennero eremiti e si stabilirono dentro questo monastero, dove praticarono silenzio e meditazione per tutta la loro vita. Nel tempo, però, la sua origine di luogo sacro cambiò, divenendo chiesa e reliquiario di re e nobili, che snaturarono la sua vibrazione, appesantendo moltissimo l'energia. E' un luogo da visitare con attenzione, sia nel senso storico che in senso energetico, proprio perché le vibrazioni non sono tutte positive. Ma la parte sopra la montagna è tutta un'altra storia e meditare lì è sicuramente una bella esperienza da compiere.

Mentre stavamo tornando, scivolando con l'auto tra i versanti sinuosi come serpenti, il vento caldo entrava dai finestrini, accarezzandomi il viso e scompigliandomi dolcemente i capelli e tutto era splendente e perfetto in una magnifica giornata d'estate.

Ero in Spagna, dove il destino mi aveva condotto, mi ero lasciata guidare da questa intuizione avuta a gennaio.

Ricordo che, come sempre, comprai il volo aereo su internet, non sapendo ancora come avrei svolto il viaggio, ma sentivo che gli incontri fatti a Erks nel novembre 2017, erano stati non solo importanti, ma anche un aiuto valido e prezioso per il mio compito in Europa. Non sapevo ancora come, ma sentivo che Erks mi stava guidando verso questa nazione, alla scoperta di luoghi vibrazionali importanti, portali di contatto che sarebbero stati il mezzo attraverso il quale avrei diffuso informazioni utili all'uomo. Non sapevo nulla di certo, in realtà, tanto che in alcuni momenti mi sono chiesta se non fosse stato il mio ego ad aver progettato tutto questo, ma poi i segnali mi tranquillizzavano sempre, dandomi conferme che stavo facendo "bene". Come quando, parlando con Adriana, un'altra amica incontrata a Erks, argentina che vive in Spagna da molto tempo, mi venne proposto di fare una presentazione del terzo libro a Barcellona. Ricordo quel giorno: ero felicissima!!! Erks mi confermava che avevo una doppia "missione" in quel viaggio: diffondere il messaggio di Erks attraverso il libro e attivare in me altri codici frequenziali che mi avrebbero permesso di svolgere un progetto ben più impegnativo che richiedeva tutta la mia energia, anche qui in Europa.

Infatti, verso aprile, primavera qui in Europa, mi erano accadute delle sincronicità impressionanti riguardo un luogo, in Italia, in cui avrei voluto e dovuto stabilirmi.

Stavo cercando una nuova casa, ma era solo un desiderio che speravo di realizzare, quando successero delle numerose "coincidenze" talmente chiare che anche se sono abituata, diciamo così, mi sorpresero davvero tanto per la modalità con cui si verificarono.

Ero tornata da poco da Erks e un sabato pomeriggio avevo l'intenzione di andare a fare una passeggiata nel bosco con la mia amica Sonia. Decidemmo di goderci il panorama in un piccolo paesino sopra le colline di Prato, in Toscana, dove vivo ormai da molti anni. Lei conosceva bene quei luoghi perché era nata praticamente in questa zona, così mi condusse in questo posto incantevole che mi colpì per la sua energia meravigliosa. Parlando con lei del mio sogno di realizzare un centro in cui svolgere seminari e incontri, mi disse: "Perché non proviamo a chiedere qui in paese se si vende qualcosa?."

"Si, buona idea, tanto domandare non costa nulla." - le risposi sorridendo, contenta di sognare ad occhi aperti davanti a tanta bellezza.

Castagni, abeti, faggi, coprivano tutte le colline che esplodevano di fiori di ogni colore, con i ciliegi vestiti di bianco che allargavano il cuore e la pace

e l'armonia che incantavano l'anima del suo magico suono.

Scendemmo dalla macchina e provammo a chiedere all'unico bar - pizzeria

del paese, ma la mia amica entrò nella porta accanto, convinta di entrare

nel bar, quando una signora le chiese cosa volesse. Era una casa privata e

chiedendo scusa per l'errore, le domandammo se sapeva se era in vendita

una casa.

"Non lo so, non so proprio, mi dispiace." - ci rispose guardinga.

"Va bene signora, grazie ugualmente, arrivederci." - le dicemmo

salutandola.

Appena ci incamminammo, la signora ci venne dietro, dicendoci: "Ora che

mi ci fate pensare, credo si venda quella lassù in cima." - ci disse

indicandoci l'unica casa sulla collina più alta.

Ci girammo in direzione della sua indicazione e non potei credere ai miei

occhi: una posizione sublime che abbracciava tutta la vallata.

"Ah, grazie mille." - le rispondemmo contentissime.

Proseguimmo in discesa per pochi metri e vedemmo un signore che stava

in giardino, così gli domandammo se sapesse di chi fosse quella casa.

"Entrate venite, si certo, conosco il proprietario e posso rintracciarlo.

Entrate dentro che vi offro un caffè."

La sua cordialità e disponibilità, insieme a quella della moglie, ci stupirono così tanto che non potevamo certo rifiutare l'invito. Entrammo nella loro casa deliziosa, che la signora volle a tutti i costi farci visitare e quando vidi nella sua camera da letto, una foto di lei e suo marito, in Argentina, nella Terra del Fuoco, esclamai: "Non ci posso credere, conoscete l'Argentina?"

"Si, ci siamo stati qualche anno fa ed è stato uno dei viaggi più belli che abbiamo mai fatto. La nostra guida era un ragazzo davvero gentile che ci ha fatto scoprire la bellezza di questa splendida terra!"

"Pensi che io sono stata in Argentina cinque volte in due anni e la mia vita è cambiata proprio grazie a questa Terra! Che coincidenza!"

Non ci potevo credere! Erks mi stava parlando anche lì!

Venni poi a sapere che il proprietario della casa in questione, si chiamava Simone, come mio cugino, che per me è come un fratello, e che il prezzo che chiedeva poteva essere interessante per le mie tasche. Chiamammo Simone e prendemmo appuntamento per il sabato seguente per visitare la casa e i due signori appena conosciuti, si resero disponibili per qualunque cosa avessimo avuto bisogno. Sembrava di conoscerli da sempre!

Anche questo era un chiaro segno della vita, del fatto che la mia idea trovava già conferma nella realtà e che il mio desiderio era lo stesso che l'Universo aveva per me!

Tornammo più volte da questi signori e visitammo la casa sulla collina, che però non si rivelò essere quella giusta; infatti dopo pochi mesi mi resi conto, in base agli avvenimenti che accaddero nella mia vita privata, che non avrei potuto acquistarla, ma nel giro di pochi giorni, gli stessi signori mi contattarono informandomi che se ne vendeva un'altra: ed era perfetta per me!!! E pensate che è un paese piccolissimo, dove abitano permanentemente soltanto 9 persone, lo stesso numero di residenti di Rasal, il paese dei Pirenei dove mi sono fermata 5 giorni, nel mio viaggio in Spagna. Inoltre, non c'erano da fare grandi lavori, come invece sarebbe stato per l'altra casa; era praticamente pronta ad essere abitata, salvo imbiancarla e rifare un attimo i due bagni, uno in particolare. Aveva due camini, il forno per fare il pane, una bella sala dove io mi ero già immaginata di farne una da meditazione. Potevo vedere la disposizione dei cuscini colorati, degli incensi e dell'altare su cui erano presenti i miei adorati Maestri! Aveva persino una fonte d'acqua che scorreva in giardino, nel quale potevo coltivare l'orto per una parte, mentre nell'altra c'era sufficiente spazio per mettere tanti fiori colorati, in ogni stagione e in fondo c'era uno slargo appartato, perfetto per mettere un gazebo dove effettuare pratiche ed esercizi di meditazione durante la stagione estiva. E soprattutto c'erano le MONTAGNE, IL SILENZIO E IL CIELO STELLATO, che avrei potuto osservare tutte le sere!!!

AH, COM'ERO FELICE!!!!!!!!!!!!!!!!

Dovevo sistemare tante cose pratiche, ma ero supersicura che Erks mi avesse condotto lì e che lì mi sarei trasferita, impegnandomi nella costruzione di un centro di condivisione e crescita che avrei chiamato: ERKSMANDAD ITALIA! Avevo tutto davanti agli occhi, così chiaramente! Anche se nei mesi seguenti furono tantissimi i bastoni che ebbi fra le ruote, IO NON HO MAI MOLLATO LA PRESA! Ricordo che in alcuni giorni particolarmente duri, piansi, chiedendo al Cielo, alla mia amata Erks di darmi ancora conferme che il mio sentire fosse in accordo con il Piano Divino. Io desideravo vivere lì e spendere tutta la mia rimanente vita per gli altri, per diffondere e per dire incessantemente che il segreto del cambio è solo l'amore che si ha nel cuore, ma le prove sono state talmente tante che nei momenti di maggiore scoraggiamento, era lecito, come parte umana, chiedere di essere aiutata e sostenuta con conferme, perché a me servivano, non a Dio.

E questa fu la risposta.

Sempre con la mia amica, andammo a far visita ai due amabili signori, ormai diventati amici. Avevano più o meno l'età dei nostri genitori, così ogni volta che andavamo a trovarli portavamo loro dei pasticcini, per condividerli con un buon caffè da loro offerto. Dopo aver salutato i nostri amici, ci recammo poco sopra al paese, dove c'era una piccola chiesetta e un'altura con un panorama mozzafiato. Ci fermammo proprio lì, camminammo per un quarto d'ora circa e ci mettemmo a meditare per un po'.

Chiusi gli occhi, lasciai come sempre che il respiro si acquietasse e divenisse impercettibile e cominciai a "viaggiare"... grandi tunnel, diversi da quelli che solitamente mi apparivano, erano attraversati da piccoli dischi volanti blu che entravano e uscivano dalla montagna che avevo di fronte. Ero praticamente dentro la montagna e potevo vedere dei rifugi in cui le navi atterravano e rimanevano "parcheggiate" in attesa di ripartire. Era come un piccolo garage di dischi volanti! Ero molto colpita e cominciai a camminare dentro questa specie di hangar, quando mi sentii osservata. Mi girai e un Fratello mi cominciò a parlare telepaticamente.

"Noi veniamo dalla Costellazione di Orione, siamo qui da poco tempo su richiesta del Gran Consiglio Intergalattico e per nostra volontà di servire il Grande Piano Cosmico. Il nostro compito è di "ripulire" tutte le scorie che questo pianeta ha prodotto e produce e che stanno sempre più uccidendo Madre Gaia. La nostra missione ha lo scopo di "alleggerire" il processo di liberazione di Madre Terra, perché non sarà una passeggiata quando la Madre riporterà l'equilibrio. Noi abbiamo una tecnologia "pulita" e rapida, che permette agli elementi di conservare la loro essenza e sostanza, affinché l'avvelenamento a cui siete sottoposti, non sia eccessivamente dannoso. Operiamo principalmente di notte e sempre più saremo presenti in questa zona e non solo. Sei qui perché questo è il luogo prescelto! Ci metteremo in contatto con te entro un anno da quando ti trasferirai qui e con il tempo questo luogo sarà un luogo energetico, di contatto, in cui organizzare meditazioni di gruppo."

Io rimasi per tutto il tempo in piedi, ad osservare la danza di navi che entravano ed uscivano dai tunnel di accesso. All'improvviso l'Essere si mise per un attimo davanti a me e lo vidi in una sagoma sfocata, alta, eterea, celeste - verde chiaro, inclinò leggermente la testa grande e più ovale della nostra e si incamminò, sparendo in un secondo o meno.

Sentivo che il mio viaggio era finito, ma rimasi un altro po' lì, a sentire la pace entrare sempre più dentro di me. Dopo un paio di minuti circa, credo, mi ritrovai sopra la montagna, in uno slargo pianeggiante e verdissimo, assaporai il profumo del vento e aprii gli occhi, grata di quel meraviglioso contatto.

Nave apparsa da un autoscatto che mi feci alla Toma nel Maggio 2017.

Tutto è sempre sincronico, ma siamo noi che vediamo la sincronicità soltanto se apriamo il cuore e se ci mettiamo nella condizione di essere "in folle", con il "motore acceso ma in folle", perché solo stando in quello spazio di ricettività attiva, possiamo sperimentare il contatto. E' anche vero che se i Fratelli devono comunicarti qualcosa, creano un "campo pulito" che permette l'azzeramento di tutte le frequenze disturbanti, ma è altrettanto vero che senza il tuo consenso ad essere loro strumento, non possono fare nulla.

Nelle civiltà evolute non esiste la violenza, ma la scelta consapevole come punto di partenza per qualsiasi cosa, per cui siamo sempre noi che permettiamo che il contatto avvenga, pur se supportati, aiutati, amati e sostenuti.

Per tornare a noi, posso dirvi che in Spagna ho trovato tante conferme e tante "pacche sulla spalla", che mi hanno aiutato e continuano ad aiutarmi a essere centrata nella risoluzione di tutte le problematiche che impediscono ancora la manifestazione del mio Sogno Animico.

Ero giunta nella terra spagnola per connettermi alla città intraterrena che attraversa la catena montuosa dei Pirenei e per prendere contatto con i suoi

Esseri meravigliosi, che sicuramente avrei rincontrato in futuro, ma anche per riconoscere la vibrazione di un'altra sacra Montagna, dedicata alla Vergine Nera, la Montagna di Montserrat!

CAPITOLO V

LA MONTAGNA DI MONTSERRAT

Quando cominciai a scrivere questo libro, non sapevo ancora cosa avrei scritto esattamente. Sentivo che dovevo iniziarlo e, come vi ho già detto, l'ho fatto per la prima volta a Erks, ma non avevo un "filo da seguire". Mi sono lasciata condurre, ho scritto quando sentivo di farlo, mi sono presa delle pause, anche di mesi, in attesa di sentire cosa dovessi scrivere. E non ho avuto dubbi sul cosa scrivere, quando stavo per partire per la Spagna. Sentivo che si sarebbero verificate le condizioni che mi avrebbero permesso di raccontare ciò che fosse destino scrivessi.

Quando dico che Erks pensa a tutto, significa proprio questo, anche se quasi mai ho la pazienza di aspettare il verificarsi degli eventi che chiaramente mi dicono quale strada seguire. Ma di sicuro devo scrivere ciò che sento, ciò che ho vissuto, non posso farne a meno, perché diversamente sarebbe un racconto senz'anima, come ce ne sono a migliaia. Se devo dire qualcosa, deve essere finalizzata al risveglio, alla condivisione, all'accrescimento e questo si verifica soltanto se seguo le indicazioni della mia amata Erks. Per me è così. E dato che i Fratelli sanno meglio di me quando giunge il tempo giusto, io aspetto che arrivino i segnali degli eventi da cavalcare. E uno di questi chiari segni è la Montagna di Montserrat.

Ricordo che la prima volta che sentii nominarla, fu dal racconto di Pablo, un mio amico argentino, che rincontrai anche negli ultimi due viaggi a Erks. Fu proprio lui a farmi conoscere Rosa e Diego a Capilla Del Monte, nel novembre 2017. Ricordo che andammo a fare insieme l'escursione alle Grotte di Ongamira, era il mio ultimo giorno in Argentina, sarei ripartita l'indomani per l'Italia e fu un modo meraviglioso con cui Erks mi diede l'arrivederci. Partimmo alle 14.30, facevo molto caldo, ma il calore eccessivo degli ultimi giorni aveva creato nuvole minacciose che preannunciavano il temporale. Ci recammo direttamente alle grotte e tutti ci immergemmo nel magico mondo di questo luogo incantato, ognuno compiendo il suo "viaggio", alla ricerca di pace e armonia. Salimmo anche in cima, ammirando la bellezza che apre il cuore all'infinito ricordo dell'anima. Come sempre, Ongamira lascia in me un velo di malinconia, dovuto al sacrificio che i Comechingones compirono in nome della libertà, ma questa volta si aggiungeva la felicità per condividere la sua energia con i nuovi amici.

Sapevo fin dal primo momento che li avrei rivisti, anche per le parole che mi disse Pablo: "Nulla è casuale! Tu sei italiana e loro vivono vicino a te, non è un caso che li stai conoscendo qui a Erks. Vi potrete incontrare facilmente in Europa e da cosa nasce cosa."

Mi aveva colpito la sua certezza, come se fosse scontato che quell'incontro fosse stato "programmato" dai Fratelli per il mio futuro.

Ongamira è uno dei "punti" più belli di Erks e voglio spendere alcune parole per Lei, oltre a quelle che ho già scritto negli altri libri.

Tutto è iniziato a Ongamira, per me. Come potrei non tenerle un posto speciale nel mio cuore! La prima esperienza scioccante la ebbi alla Puerta Del Cielo, dopo essere stata a Ongamira e aver sentito la sua immensa compassione. Pochi chilometri più in là incontrai me stessa, davanti alle porte del cielo che si aprono in terra! La prima volta te la ricordi sempre con particolare affetto, nel senso che da quel momento tutto cambiò, fu un parto, una nuova nascita nello Spirito che mi ha regalato l'amore per Erks in maniera permanente, che mi ha aperto il cuore alla bellezza della mia anima.

Veduta dalle Grotte di Ongamira

Non è stato per niente semplice gestire tutto quello che da allora è accaduto, ma grazie a Erks ho imparato a seminare prima di pretendere di raccogliere e così, passetto dopo passetto, sono arrivata a Lei tante volte, inaspettate e meravigliose, ma sempre nuove e differenti nel farmi sentire amata dagli antichi Guardiani, dai Fratelli delle Stelle e da Quelli della Terra Interna.

Ricordo che in quest'ultima escursione, quella con gli amici spagnoli, ebbi un "incontro" speciale, con un Esseno, che mi apparve durante la meditazione al Portale di Ongamira. Quando tocco le sue rocce, le sue pareti mi parlano; talvolta inizia a scivolare acqua e io inizio a ricordare o a "vedere"... quella volta vidi questa figura gentile, di una eleganza e leggerezza che incantavano il cuore, alto, con la barba e capelli lunghi bianchi, gli occhi chiari, con un vestito di un bianco candido che gli conferiva sapienza e pace. Mi fece vedere come nella valle in cui ci trovavamo, ci fossero anche degli altri Esseri meravigliosi, che io sapevo essere Lemuriani, Atlantidei, Pleiadiani e anche altre razze che però non compresi bene. Tutto era in armonia, tutti lavoravano insieme per il Piano della Luce e tutti si adoperavano per il risveglio dell'Umanità.

Collaboravano in differenti mansioni, ma la loro radianza era di tale intensità e amore, che mi bastava contemplarli per sentirmi immersa nella pace e nella bellezza. Fu un incontro breve, che però mi diede fiducia e forza in quello che sentivo dover fare in Europa, anche se ancora non sapevo cosa.

Dopo aver goduto del panorama esteriore ed interiore dalla cima di Ongamira, ci dirigemmo verso la Grotta di Lourdes che avremmo dovuto visitare per prima, ma che vista la minaccia di pioggia, la guida aveva posticipato. E non poteva fare scelta migliore perché appena entrammo nel piccolo negozio che si trova all'entrata, iniziò a diluviare e persino a grandinare, tanto che per rientrare nel *combi* (pulmino) dovemmo affiancarlo all'uscita per la quantità d'acqua che scorreva. Ricordo il viaggio di ritorno, con i vetri appannati dai nostri respiri, ma con la benedizione di Ongamira nei nostri cuori. Poco prima di arrivare a Capilla uscì persino il sole, regalandoci spettacoli di colori che avrei portato nel mio viaggio di ritorno in Italia. Arrivammo nel centro di Capilla Del Monte che non pioveva più, anche se la temperatura si era abbassata notevolmente. Mi dispiaceva dover ripartire, ma sapevo che Erks mi avrebbe ricondotto presto da Lei.

"Ciao Ale, ci vediamo in Spagna, sicuramente." - mi dissero i nuovi amici.

"Spero di venire quest'estate, se Dio vorrà." - risposi sorridente.

E così è stato. Incredibile, no?

Quando si lascia fare alla Vita, tutto avviene.

E proprio al mio rientro in Italia, Pablo mi inviò alcune foto di Montserrat e di Rasal, un piccolo borgo dei Pre-Pirenei, dove era stato alcuni anni prima. Ricordo che mi chiese cosa sentissi guardando la Montagna di Montserrat e io risposi: "Pace."

"E' un portale molto potente, dovresti andarci." - continuò a ripetermi.

E così cominciai a pensare al viaggio in Spagna e il mese seguente prenotai il volo aereo, organizzando con calma le tappe del viaggio che ormai era certo avrei fatto.

Guardando le foto della Montagna di Montserrat, mi pareva di guardare Los Mogotes a Erks. Era impressionante la somiglianza! Le rocce avevano tutte le forme di visi, che si intrecciavano tra loro e la conformazione rocciosa era davvero molto simile. Tutti Guardiani, che ero pronta ad andare a incontrare. Anzi, non vedevo l'ora.

Nei mesi seguenti, organizzai i dettagli del viaggio e la cosa migliore era cominciare proprio da Montserrat, ma non sapevo che l'ultima tappa mi avrebbe riportato da lei, ancora una volta.

Iniziai con le cime di Montserrat e finii con le grotte di Montserrat! Iniziai guardandola dal di fuori, scoprendo i suoi meravigliosi cammini e terminai visitando le sue profondità, i suoi labirinti, potendo sentire l'energia di molti millenni dentro il mio cuore. Fu impattante!

Ma è ora di raccontarvela nei particolari!

Scorcio di Montserrat (Spagna)

Scorcio di Los Mogotes (Argentina)

Partii venerdì 17 agosto, che per molti non è proprio una bella data! Ma a me il 17 ha sempre portato fortuna. D'altronde nei paesi americani è di buon auspicio e infatti il volo è andato anche meglio del previsto, atterrai persino mezz'ora prima dell'orario previsto.

Appena arrivata a Barcellona, presi la metro e il treno per arrivare a Monistrol, una piccola località ai piedi di Montserrat. Non c'era molto da vedere, ma a pochi passi dal piccolo albergo c'era il trenino che portava sulla montagna, dalla quale si poteva ammirare il monastero e tutta la parte costruita su misura per i turisti. Cominciò a piovere e per questo c'era poca gente, così potei approfittarne per ammirare la Madonna Nera all'interno del Monastero. Normalmente si fa una fila molto lunga per poter accedere all'area interna, ma quel giorno fu solo di una decina di minuti. Era bellissima, con un sguardo risoluto e nello stesso tempo comprensivo, illuminata da molti riflettori che evidenziavano la sua magia. Per uscire bisognava fare un percorso obbligato, alla fine del quale decine e decine di candele colorate colpirono la mia attenzione. Erano davvero tantissime e sembravano tante fiaccole accese sulla Provvidenza che regnava in questo posto. Sebbene ci fosse una mescolanza di sacro e profano, come avviene in tutti i luoghi visitati ogni giorno da migliaia di turisti, quell'angolo di colore metteva in risalto la fede di ogni persona che aveva acceso un cero, evidenziava l'amore che un uomo può nutrire per il Cielo. E mi commossi.

Ognuno aveva riposto nella fiamma della sua candela, le sue speranze, le sue preghiere e questo si avvertiva chiaramente anche nel cuore.

Mentre la pioggia tamburellava sul cappuccio del k-way, lasciai che mi bagnasse un po', godendomi quella magica atmosfera fino in fondo alla passeggiata che terminava davanti a un panorama mozzafiato.

In realtà ero sotto un versante di Montserrat, poco più avanti partivano molti cammini, diversi per lunghezza e difficoltà; c'era persino la funicolare per arrivare in un quarto d'ora invece che impiegare due, tre ore a piedi. Ovviamente il bello era proprio attraversare i vari versanti, godendo di ogni visuale che si apriva, fermandosi a visitare le piccole chiese che si ergevano su picchi più o meno scoscesi. Ma avrei dovuto aspettare il giorno seguente per scoprire tutte le sue meraviglie.

Mi alzai di buon'ora e alle nove ero su, pronta per avventurarmi sulla montagna.

Era già caldo, ma la voglia di scoprire i suoi misteri era più forte del calore.

Ero molto curiosa anche perché qualche giorno prima della partenza per la Spagna, Adriana, l'amica che mi avrebbe ospitato nella parte finale del viaggio, la stessa che aveva organizzando la presentazione del mio libro, mi aveva postato delle foto di un avvistamento Ovni, scattate in un cielo molto nuvoloso che non faceva vedere molto, ma era curioso che fosse avvenuto a ridosso della mia partenza. D'altronde, Erks mi ha sempre più insegnato a vedere le sincronie e a sentire la risonanza che hanno nel mio cuore e ogni dettaglio mi faceva comprendere che la Montagna di Montserrat rappresentava un punto di elevata frequenza in cui si erano verificati molti casi inspiegabili, in cui molte persone avevano avuto esperienze forti o di avvistamento Ovni, che avevano cambiato la loro vita. Sempre grazie a Erks, avevo imparato a non avere aspettative e devo dire che anche questa volta sono stata sorpresa.

Un'altra sincronia era successa proprio la stessa mattina, quando al mio risveglio avevo letto un messaggio di una persona che avevo contattato quasi un anno fa e che proprio la mattina della salita sulla montagna di Montserrat mi confermava il suo interesse per una conferenza su Erks in Italia. Ci saremmo organizzati per l'autunno, ma era curioso che il contatto fosse accaduto proprio in quel momento.

Tutto era perfetto e io non vedevo l'ora di camminare *sentendo* la Montagna.

C'erano varie "fermate", con statue e piccole chiesette o croci, come quella dedicata a San Michele.

La chiesetta era chiusa, ma si poteva sentire la sua energia e anche questo ero un segno per me. Chiusi gli occhi e mi lasciai trasportare dai ricordi.

Io sono sempre stata devota a San Michele, anche perché mia madre me l'ha insegnato. Il suo paese d'origine si trova a un centinaio di km dalla località di Monte Sant'Angelo, dove l'Arcangelo Michele apparve in ripetute occasioni, fin dal 490 d. C., consacrando una grotta sulla montagna, (dove ora c'è la chiesetta più piccola) in cui ogni richiesta diventava e diventa miracolo. Egli protesse Monte Sant'Angelo con le Sue Forze Divine, quando vi furono gli attacchi barbarici e la risparmiò alla peste nel 1656. Inoltre, a soli 28 km da Monte Sant'Angelo si trova San Giovanni Rotondo, dove c'è il santuario di Padre Pio, che mio nonno, il padre di mia madre, ha conosciuto personalmente.

Mamma mi dice sempre che all'epoca Padre Pio era "ai suoi inizi", ma era già conosciuto nella sua regione e in quelle confinanti, fra cui l'Abruzzo, la terra natia dei miei nonni e dei miei genitori. In molti andavano a confessarsi e a sentire messa, ma data la moltitudine di persone, bisognava andare molto presto la mattina. Nonno fece tutta la notte in fila, per poter entrare nella piccola chiesetta dove Padre Pio celebrava messa e dove, dopo la messa si poteva sperare di incontrarlo in un colloquio privato di pochi minuti. Anche mia madre, era piccolina, andò con mio nonno in un paio di occasioni, ma in una in particolare, mio nonno fu chiamato da Padre Pio, con il quale ebbe un breve incontro, il cui contenuto non ha mai rivelato a nessuno. Era con tre amici, che in cuor loro non credevano al Santo, quando Padre Pio si girò e chiamò mio nonno, con il suo nome, senza averlo mai incontrato prima. Gli disse: "Antonio, vieni con me" - e quando uscì dalla stanza, mio nonno era un altro uomo, non più angosciato, sereno. Tutti crediamo che le parole di Padre Pio siano state molto importanti per lui, soprattutto considerando il fatto che sapeva di essere irreversibilmente ammalato di ameba, malattia che contrasse durante la prigionia della Seconda Guerra Mondiale.

Infatti morì solo due anni più tardi e quell'incontro della fine degli anni

Quaranta, segnò la sua breve vita, donandogli una fede incrollabile che inevitabilmente fu contagiosa per tutta la famiglia, compresa la mia piccola madre, che poi trasmise a me.

Vi confido un particolare della mia infanzia. Ho frequentato le scuole, fino alle medie comprese, dalle suore e insieme a mio fratello ero la prima ad entrare e l'ultima ad uscire, dalla mattina alle 7.30 alle 17.30 del pomeriggio; così ho avuto modo di vedere come vivevano le religiose e spesso recitavo il rosario e andavo a messa la mattina presto, facendomi la comunione ogni volta, con immensa gioia perché io sentivo davvero il contatto con il Cristo. E per un periodo volevo diventare suora missionaria; per molti anni ho avuto questo desiderio, che ora so essere dipeso dal fatto che ho avuto incarnazioni in cui sono stato/a un monaco. Dunque l'anima già ricordava la disciplina e la devozione necessarie per incontrare me stessa e anche se poi ho dovuto percorrere altre strade, ho sempre sentito un richiamo verso monasteri solitari e luoghi "energetici" in cui trovarmi al cospetto di Dio. E proprio per questo aspetto "religioso", predominante nella mia infanzia, sono sempre stata circondata da immagini e preghiere di devozione per la Madonna, gli Arcangeli e gli Angeli e Padre Pio mi ha accompagnata sempre, insieme all'Arcangelo Michele, che da piccola immaginavo altissimo e lucente, con un sorriso meraviglioso in cui spesso mi perdevo prima di addormentarmi. Dunque, per tutte queste ragioni, quando l'estate scorsa vidi delle navi muoversi nel cielo di Vasto, il luogo di origine di gran parte della mia famiglia e dove vado in vacanza da quando ero nella pancia di mia madre, sentii che dovevo andare a visitare la Grotta di San Michele a Monte Sant'Angelo, dove non ero mai stata, nonostante fossi andata da Padre Pio numerose volte. Così quel giorno andammo prima da San Michele e sulla via di ritorno ci fermammo a dare un saluto a Padre Pio, Anima benedetta dal Cielo che io amo moltissimo... e non solo per avermi salvato la vita... Fu due settimane prima del mio matrimonio... ebbi una perforazione al colon che mi stava portando dall'altra parte del velo... ma nel momento di massimo dolore dovuto all'ulcerazione, mentre stavo svenendo, Padre Pio mi apparve e mi sorrise... e tutta la sofferenza svanì all'improvviso. Stetti in ospedale due settimane e sono rimasta un caso clinico inspiegabile perché nei controlli successivi non si vedeva neppure la cicatrice di un evento così devastante per il corpo. Io so che Lui mi ha fatto la Grazia! E questo mi ha portato ogni anno da Lui, nel luogo dove visse, felice per Dio e tormentato dalla

Chiesa per molti anni, per le stigmate che versavano sangue Cristico.

Quando mi reco a San Giovanni Rotondo, visito la chiesa originaria, non quella grande che hanno costruito successivamente e poi esco dalla confusione dovuta alla gente e vado sulla montagnetta di fronte, dove per Pasqua fanno la Via Crucis e cammino, fermandomi dove mi porta il cuore... e ogni volta è diverso e bellissimo perché in me scende la pace, comprendo sempre meglio che essere in pace è essere nell'Amore Incondizionato. Un cuore in pace è innamorato della Vita e agisce in accordo con il Cielo perché si lascia condurre dall'Amore , in ogni cosa, vivendo così la Comunione con l'Universo.

Concludendo questa digressione che è pur sempre parte di me, della mia vita, che mi ha formato e che mi fa essere ciò che sono ora, quella mattina da San Michele fu spettacolare!

Mi svegliai come sempre all'alba, per vedere sorgere il sole dal mare, è uno spettacolo incredibile e diverso ogni giorno, e nell'osservare il confine tra mare e cielo, alzai poco più su lo sguardo e una stella che stava per lasciare la notte, aumentò la sua luce all'improvviso, per pochi istanti e io vi lessi un chiaro segno che la Grotta di San Michele mi stava aspettando.

E fu davvero bellissimo.

Sentii veramente il Meraviglioso Arcangelo, nel mio corpo, abbracciarmi e stringermi, mentre alcune lacrime scivolarono come al solito. Mi appartai nella piccola cappella che c'è entrando a sinistra, e rimasi lì senza nessuno accanto, pur essendoci molta gente perché si stava celebrando la messa. Ma in quella nicchia della Grotta, toccando la roccia ero in silenzio e Lui poteva "scendere a salutarmi". Vi sembrerà strano, forse, ma io ho un rapporto "diretto" con gli Arcangeli e gli Angeli, li sento entrare nei miei corpi, sento le loro scariche elettriche e sto imparando a distinguere le loro Forze, i loro Poteri, i loro Colori... anche questo è un viaggio meraviglioso nei Mondi dello Spirito che sto ri-apprendendo a compiere e a ri-scoprire dentro il mio cuore. L'Amore che provo per le Schiere Celesti, per i Fratelli Cosmici e per i Maestri Ascesi va aldilà di ogni possibile confronto con l'amore "umano", con quello che tutti abbiamo provato almeno una volta nella vita per un'altra persona, come può essere un figlio, un compagno, un genitore... l'amore che sento è molto più "grande" e sottile, comprensivo di sfumature così ampie e meravigliose che trasformarlo in parole lo ridurrebbe, lo limiterebbe in qualcosa... e io amo troppo i Fratelli per non rispettarli e per non onorarli tutti i giorni della mia vita.

Da quando ho incontrato Erks, un mese equivale a un decennio di insegnamenti. E' anche vero che non mi risparmio, nel senso che dedico davvero molta attenzione alla Presenza e sebbene sia sottoposta, come molti di noi, a prove anche pesanti, non perdo mai il contatto con il mio cuore e dunque con il Mondo Invisibile. Questa nuova spinta è nuova linfa che si genera nel mio Dna, lo sento e sento anche cambiamenti sempre più rapidi e impetuosi, che lasceranno il segno sulla Terra così come la conosciamo, ma non ho più paura! Non ho più paura di fallire, non temo più il giudizio né la condanna, ma mi alleno ogni istante a morire all'illusione, a sentire ogni impercettibile crepa che si apre dentro e a darle ascolto, perché io voglio raggiungere la Perfezione della Pace, la stabilità duratura nel sentire benevolenza e armonia, io desidero essere degna di ricevere lo Spirito per vivere il contatto permanente con le Dimensioni dell'Anima.

Ed entrare in quella piccola grotta, ha riattivato in me un amore maggiore di prima, un amore che sempre più non dipende perché nasce dal mio cuore... il segreto della Gioia è essere Amore... e Michele Arcangelo mi ha accarezzato con la Sua Luce Oro - Biancazzurra, sfiorando le mie spalle e il mio viso, facendomi sentire come l'elettricità dell'Amore attraversasse tutto il mio corpo, mentre dal coccige il serpente dava segni di risveglio nella sua leggera risalita nella colonna vertebrale.

Lo Spirito non è "pensiero" o meglio non è solo pensiero, lo Spirito è Onnipervadente e si vive in ogni parte di noi, anche e soprattutto nel corpo fisico, poiché questo è il nostro veicolo ed è in lui che avviene il risveglio, è nel corpo che scende lo Spirito e questo si SENTE in ogni cellula. Certamente ognuno ha la propria esperienza, ma esistono dei tratti comuni che si vivono nel corpo, dandoci la possibilità di condividere Amore per la Verità.

Quel giorno fu annunciatore di un periodo intenso per me e mi diede la forza e la fede necessarie per vedere le mie ombre e amarle come la mia parte di luce, con la stessa intensità e onestà. Inoltre è come se si fosse aperto un altro varco che mi ha permesso nei mesi a seguire, di incontrare "rappresentanti terrestri" della Luce e di imparare pratiche di grande spessore spirituale, grazie alle quali il mio cammino verso la Luce è stato molto intensificato, permettendomi di vivere veramente numerose esperienze di contatto ed estasi.

Ed ora, a distanza di un anno circa, l'Arcangelo Michele mi faceva nuovamente dono della sua Presenza, anche sulla Montagna di Montserrat.

Dopo aver contemplato l'Arcangelo Michele e le memorie celesti, riaprii gli occhi, mi guardai attorno, con calma, osservando la pace del verde delle montagne circostanti, del cielo azzurro... tutto era sottilmente collegato alle dimensioni invisibili e io sentivo che i Fratelli erano lì.

Mi alzai lentamente e vidi che la mia amica Sonia era già pronta per ripartire, così ripresi lo zaino e ci incamminammo, seguendo il sentiero e sostando di tanto in tanto per bere.

Era sabato, ma nonostante la moltitudine di persone che si era recata sulla Montagna, non c'era eccessiva confusione. Inoltre esistono molti sentieri, per cui Montserrat può ospitare tra i suoi versanti moltissime persone, che ricercano anche cose diverse, nel senso che incontri dallo scalatore all'investigatore di Ovni o anche semplicemente un devoto che ha fatto un fioretto.

Il nostro passo non era eccessivamente veloce perché volevamo vedere tutto il panorama e sentire ogni più piccola percezione, godendoci sia l'esperienza esteriore che quella interiore. Per questo ci fermavamo quando incontravamo i *"pedido"*, ossia più pietre poste una sull'altra, che rappresentano una richiesta, una preghiera, per esprimere anche noi il nostro pensiero, un dono del nostro cuore.

Imparai questo a Erks, dove ce ne sono ovunque e proprio in quel momento, mentre ponevo le mie pietre una sull'altra, mi ricordai di averlo fatto l'ultima volta sul Cerro Charalqueta, tra gli jotes in volo e i canti degli Antichi Comechingones che salivano dalle valli confinanti con il Cerro Pajarillo.

Ah, che meraviglioso giorno fu quello!

In questo libro vi sto portando avanti e indietro nel tempo, raccontandovi come Erks sia memoria presente, passata e futura nella mia vita. Quando iniziai a scriverlo, pensavo di non farne un "racconto di viaggio", ma poi mi sono resa conto che io sono in perenne cambiamento proprio perché viaggio, in tutti i sensi, quindi non sarebbe stato corrispondente alla mia trasformazione interiore se non avessi raccontato proprio le esperienze attraverso le quali percepisco nuove dimensioni. Oltretutto mi rendo conto che tante cose che all'inizio di Erks mi sembravano "paranormali", ora sono la normalità, segno evidente che tutta la mia vita, anche esteriore, è cambiata e dunque "godo" molto di più quando si verificano cose "inspiegabili", come le voci che udimmo salendo il Cerro Charalqueta.

Eravamo in tre e tutti e tre abbiamo sentito dei canti provenire dalle valli confinanti il Cerro Pajarillo, proprio mentre stavamo per arrivare in cima, ma avendo già incontrato Erks nei nostri cuori, non solo non ci siamo spaventati, ma abbiamo proprio goduto del miracolo che stavamo vivendo, ringraziando con devozione e sincero affetto, tutti i Comechingones che hanno sempre abitato quelle montagne, cantando persino insieme a Loro per qualche istante.

Fu davvero un'esperienza speciale, che custodisco con tenerezza nel mio cuore.

Tutto è sempre collegato per me, ogni nuvola che incontro ha la capacità di farmi viaggiare nel tempo, non solo passato come in questo caso, ma anche futuro, che non è altro che la nostra Vera Dimora, dove possiamo incontrare noi stessi, come Sé Ascesi che portano in Terra le Vibrazioni delle Dimensioni Superiori dello Spirito e proprio questo significa vivere il Paradiso in Terra. Certo, tra il dire e il fare c'è di mezzo il mare, come dice il proverbio, ma è possibile... ciò che conta è che la Verità viene sempre più integrata nel nostro cuore e in base alla nostra evoluzione, al nostro impegno e alla nostra sincerità la vediamo manifestarsi nella nostra vita. Il miracolo è dentro di noi, SEMPRE! Non smetterò MAI di dirlo!!!

Ogni parola raccontata con il cuore ha il potere di plasmare la realtà, ha il potere di risvegliare, ha il potere divino di trasmutare... e sempre più me ne rendo conto nella mia ordinaria vita che, proprio per questo, è sempre più straordinaria, come la Montagna di Montserrat su cui stavo camminando.

Il sole era davvero potente e l'ombra era praticamente inesistente e dato che era quasi l'ora di pranzo, approfittammo di un piccolo sentiero che costeggiava la salita, per ripararci dal caldo e mangiare un frutto. In quel posticino potevamo vedere senza essere viste, al fresco del vento che accarezzava tutti i magnifici versanti di Montserrat. Il paesaggio era davvero straordinario, ma ciò che mi colpiva era l'energia delicata che c'era in quel punto. Terminato il frugale pasto, mi misi a meditare un po', senza aspettativa, solo ascolto del vento e di ogni suono, solo presenza cosciente... e il tempo non ha più senso, quando si entra nell'eterno presente, anche se nel divenire leggero, possono mostrarsi segni divini, presenze divine che ci affiancano nel compito che dobbiamo svolgere. Non ebbi particolari "contatti", ma assaporai molto bene la contemporaneità dello svolgersi dei tempi... è un po' difficile da spiegare a parole, ma è come se le fessure temporali fossero allargate, molto permeabili alla fusione, grazie anche al fatto che la gravità ha un'altra "consistenza", potendola "maneggiare" con il pensiero unito all'intensità del cuore... praticamente la focalizzazione cosciente del sentimento puro di amore, crea la realtà, sulla quale possiamo intervenire con responsabilità e vivere con amore allargato a ogni spazio temporale, che quindi perde il senso del particolare per acquisire una costante univoca direzionata allo Spirito. Mi rendo conto che queste parole sembrano difficili, ma sono precisamente quelle che dovevo scrivere. La realtà è solo una percezione e più noi siamo "leggeri" e uniformati al Campo del Primordiale, più tutta la Conoscenza si manifesta nel cuore, con tale semplicità che la mente non può coglierla perché appartiene a "Livello della Non- Mente". Noi siamo abituati a ragionare entro i parametri logici, ma che succede se prendiamo a riferimento altri paradigmi di conoscenza e di realtà? E' proprio qui che casca l'asino, nel senso che la maggior parte delle persone, ti dirà che sei irrimediabilmente pazzo, mentre chi ha avuto esperienze simili alle tue, ti può davvero comprendere o ti crede chi ha un cuore talmente puro che si fida del tuo sentire, pur non avendolo ancora sperimentato personalmente.

Di certo fu che stare seduta sulla montagna, in silenzio, con alcuni condor che volteggiavano nel cielo, mi fece sentire in PACE.

Rimanemmo così per un po', osservando l'altura di fronte che avevamo intenzione di raggiungere a piedi. All'ombra era quasi fresco, ma appena ripreso il cammino, cominciammo di nuovo a sudare abbondantemente, anche se la vista che si apriva davanti a noi era così magnifica che ti faceva passare ogni angustia. Dopo una mezz'ora di cammino, incontrammo un'altra chiesetta, su una cima abbastanza alta, dalla quale si vedeva un'altra altura, su una roccia ripida. Praticamente era una concatenazione perfetta di sentieri e di montagne più o meno alte, tutte facenti parte di Montserrat. Non mi aspettavo tante intersecazioni e tanta diversità, poiché in base all'altezza, cambiavano ovviamente anche la flora e la fauna, così potevi passeggiare nel bosco e cambiando sentiero ritrovarti sulla pietra liscia che richiedeva tutta la tua attenzione per salire la parete. Ma proprio quei differenti e continuamente mutevoli paesaggi mi appassionavano, perché non sapevo mai cosa potevo scoprire. E fu così che salendo in cima verso il luogo dedicato a Maria Maddalena, dovetti passare per un piccolo viottolo, ben protetto, ma a strapiombo sulle rocce, che costeggiava un versante dentro il quale all'improvviso si aprivano delle grotte bellissime e una specie di fonte era nascosta dentro la montagna. Lì fu davvero incredibile!

C'era un'energia di guarigione veramente notevole, tanto che istintivamente mi bagnai le mani e le passai sulla testa e subito dopo mi fermai per pochi istanti a meditare dentro una di queste magnifiche grotte.

Era abbastanza cava, non molto alta, circa un metro e mezzo e nonostante si potesse vedere passare la gente che costeggiava la montagna, era comunque tranquilla. Potei stare qualche minuto in solitudine, solo sentendo, come piace a me. Ciò che percepii fu sempre una sensazione di pace e calma, di abbandono, come se lì potessi lasciare andare altri pezzettini di me stessa che era giunto il momento di lasciare al passato, come se la montagna assorbisse e trasmutasse il passato per rendere possibile un Cambio vibrazionale per vivere il presente in modo più consapevole.

Ovviamente tutte queste percezioni furono rapide scosse elettriche, che elaborai solo dopo con la mente, per decifrare un messaggio logico da attuare. Ebbi conferme sul percorso che intendevo intraprendere, anche se ancora non sapevo altre cose che si sarebbero rivelate in un momento successivo del viaggio.

Rimasi in ascolto ancora per un po', poi con l'arrivo di un gruppo di persone, ripresi il cammino, decisa a salire un altro pochino, fino a arrivare alla "Maddalena". La mia amica rimase ad aspettarmi vicino all'acqua, mentre io proseguii su un cammino breve, ma scosceso. Ricordo che c'era del fango dovuto alla pioggia del giorno prima e che a un certo punto l'unico appiglio erano le radici degli alberi, ma con attenzione arrivai in cima, dove mi aspettava l'ennesimo panorama mozzafiato, su un altro versante ancora. Era così bello! Sotto il sole cocente, con il mio cappellino in testa, ammiravo tanta bellezza, tanta diversità così perfettamente amalgamata! Era incredibile ciò che i miei occhi vedevano e ciò che il mio cuore sentiva. Ero leggera come l'aria, nonostante la fatica appena compiuta. Tutto era perfetto e cominciavo a comprendere la ragione per cui mi trovavo lì. Stavo rilasciando tutta la tensione degli ultimi mesi, tutto ciò che mi ero addossata sulle spalle e che non era più mio e nello stesso tempo si stava creando un nuovo posto nel mio cuore, pronto ad accogliere un nuovo messaggio universale, che in parte era solo una conferma di ciò che già sentivo.

Come ho già detto, per me le conferme del Cielo sono fondamentali, perché devo sentirmi sicura al 100% di aver compreso nel modo giusto. Per me è fondamentale essere certa di essere solo strumento di ciò che devo scrivere, perché il viaggio può essere anche solo mio, diciamo così, ma ciò che scrivo coinvolge tutti voi che leggete e dunque ho una responsabilità di chiarezza e onestà che devo assolutamente rispettare. In verità, è la mia persona che ha bisogno di conferme perché il mio cuore lo sa perfettamente, però quando arrivano i ritardi, gli intoppi, i problemi sul progetto che sento di dover compiere, è lecito domandare, non dico dubitare, però chiedere conferme sì, perché da loro nasce in me una nuova forza, maggiore di quella che avevo prima e così via, fino a svolgere un lavoro davvero certosino e di rifinitura.

In realtà, tutti gli ostacoli al progetto del cuore, si verificano perché forziamo il tempo di realizzazione del Cielo. Mi sono resa conto che le conferme sono evidenti, ma perdurando la situazione di intralcio che rallenta se non addirittura ferma momentaneamente il progetto, cerchiamo di velocizzare le cose, ma molto spesso facciamo peggio, nel senso che spendiamo tanta energia inutilmente e quasi sempre dobbiamo ripartire da capo. Questo se da un lato sembra essere una perdita di tempo, dall'altro è una palestra in cui ci alleniamo ad aver fiducia nonostante tutto, ad osservare, a pazientare, a mantenere la calma, anche passando per momenti di forte sconforto, ma tutto, alla lunga, ci porta a vedere il disegno del Piano Divino molto più chiaramente e vediamo anche le ragioni per cui è stato meglio che si compisse in un altro momento. Certo, il lato umano viene messo duramente alla prova, ma siamo qui per questo, no? Siamo qui per forgiarci al mondo sottile dello Spirito e tutti coloro che ci hanno preceduto nell'Ascensione, sanno bene che sforzo e coraggio richieda, ma proprio per questo ci affiancano, ci guidano, ci sostengono, ci abbracciano: perché solo alleggerendoci alla densità e alle sue illusioni potremo far cadere il velo di ogni separazione e riunirci alla nostra Famiglia Cosmica, solo divenendo leggeri, senza più zavorre, potremo ascendere.

Tutti gli impedimenti possono avere due risultati: farti innervosire e innescare una spirale di reazioni sconsiderate che ti ostacolano e debilitano, o farti maturare e assumere la responsabilità della scelta consapevole. Le cose sono sempre neutre, siamo noi che scegliamo di reagire ad esse, in un modo o in un altro. In verità, esiste un "livello" di comprensione che non attinge le sue risorse nella reazione, bensì nell'azione e l'azione usa sempre le energie della situazione che si sono innescate, volgendole a suo favore. E' come nelle arti marziali, quando sfrutti a tuo vantaggio l'energia del colpo che ti arriva, prendendo dallo stesso la forza aumentata dalla tua che si somma al colpo che tu porti con il minimo sforzo e la massima resa.

Noi siamo energia ed è arrivato il momento di prenderne atto anche e soprattutto da un punto di vista pratico, non solo "meditativo".

Devo dire che negli ultimi sei mesi ho avuto modo di allenarmi molto sotto questo aspetto e anche se è stancante fisicamente, ho imparato moltissimo dalla cosiddetta "attesa". Questa è la fase più delicata e più difficile, quando attendi che da un momento all'altro si realizzi ciò per cui hai lavorato o ciò che sai spettarti. La parte difficile arriva quando hai esperito tutte le azioni che avevi nel cilindro e non succede nulla o, peggio, il tuo "castelletto" ti viene smontato da un'onda gigantesca che non era prevedibile. E dato che il Cielo sa tutto, devi fare anche lo sforzo di allargare la visione per vederne la giustizia o quantomeno l'insegnamento. Quando ci sei dentro fino al collo è davvero difficile separare la luce dalle ombre, però è proprio qui che si compie l'alchimia trasformativa della Luce, quella VERA, quella che ti fa passare a un nuovo stato dell'essere, proprio come il bruco e la farfalla. Devi arrenderti alla morte di uno stato, che non puoi in alcun modo evitare, ma allo stesso tempo devi avere fiducia illimitata che sia il meglio per te. Quando ci sei dentro - ripeto - tutto diventa più complicato, sei solo di fronte alle tue paure e devi lasciarle andare con coraggio, ma dall'altra parte avviene qualcosa di inaspettato che ti fa iniziare a parlare con il tuo cuore e cominci ad udire la sua voce che ti risponde, che ti dice che andrà tutto per il meglio.

All'improvviso non vedi più le paure e le angosce, ma solo la bellezza dell'amore che sta nascendo dentro il tuo cuore, senti solo la gioia che non dipende da nessuna realizzazione esteriore, vedi le stelle venirti incontro, vedi i Maestri che ti sorridono, gli Angeli che ti abbracciano... e comprendi che senza quella fase di attesa, non saresti sceso così in profondità, non avresti mai guardato quell'ombra pesante che non sapevi neppure essere ancora dentro di te, mentre ora l'hai sciolta con il tuo amore, nato dalla tua Anima. E la ricompensa celeste non tarda a farsi avanti dentro le tue cellule, dentro la tua mente che si apre al cristallo del cuore con naturalezza e semplicità, dentro i tuoi corpi sottili che senti leggeri, potendone apprezzare la meravigliosa fluorescenza dei setti colori del Bianco Lucente.

La parte difficile è solo iniziale, poiché non siamo abituati a muoverci nelle vie invisibili, ma dato che tutto è energia, interveniamo osservando la situazione che vorremmo sbloccare, cambiandola di stato, operando una sovrapposizione quantistica di stato, come appunto si chiama in termini scientifici. Che vuol dire di fatto?

Che guardiamo la situazione come perfetta, nella perfezione del tempo Eterno di Dio esiste già la variabile che desideriamo esperire nella tridimensionalità. Dobbiamo operare una sovrapposizione di quella variabile su quella che si sta verificando in quel momento, andando a "pescarla" nel futuro, andando avanti nel tempo lineare fino a vedere chiaramente, in tutti i dettagli, il disegno già realizzato da molto tempo. Praticamente lo portiamo in Terra dal futuro e più è chiara la visione e la sensazione, più operiamo alchemicamente, trasferendo uno stato ad un altro.

Diventare "adulti" da un punti di vista spirituale, significa impiegare sempre più del nostro tempo allo studio delle Leggi Cosmiche, sperimentando su noi stessi pratiche ed esercizi che ci permettano di "lavorare" sempre più a stretto contatto con la Luce e con tutte le Gerarchie della Luce.

Nel libro "Erks, il Raggio Azzurro della Coscienza Cosmica", ho dedicato un ampio capitolo alle Gerarchie della Luce di Erks, spiegando come si manifestano, che significato e funzione hanno, come si verifica l'incontro con Loro e sono stata aiutata nella stesura da una Guida di Erks, che mi ha fornito gli strumenti per poter scrivere in modo curato e dettagliato.

Ovviamente Gustavo Anessi, questo è il suo nome, è una Guida esperta che da moltissimo tempo svolge questo sacro servizio e la sua esperienza decennale mi ha permesso di avere accesso a molte informazioni, alcune delle quali avevo avuto modo di sperimentare di persona, durante le Taree alle quali ho partecipato. Sapere il significato di una "Luce" ti permette di avere accesso all'essenza di quell'energia che la tua anima "assorbe", con sempre maggiore forza e chiarezza e dato che ogni Gerarchia ha un suo compito, tu puoi operare unitamente al Raggio Cosmico che in quel particolare momento della tua vita, ti è più necessario o dal quale puoi apprendere ciò che devi imparare o riconoscere in quel momento.

A Erks il contatto con le Gerarchie della Luce è visibile con questi occhi fisici e dunque è meraviglioso e sorprendente, ma questo è solo l'inizio di una grande storia d'amore, nel senso che quando ami VERAMENTE CON IL CUORE, le Gerarchie sono sempre presenti nella tua vita. Magari non le vedi con gli occhi, ma le senti così profondamente dentro che il mondo interiore comincia a cambiare e molte cose sono visibili con l'unico occhio... e sono molto più appaganti!!! Il fatto è che quando ti sei veramente risvegliato, ogni cosa è una "scusa" per parlare con le Gerarchie, attraverso le sue Schiere di Fratelli che operano nel mondo e dunque si stabilisce una connessione che è praticamente semi permanente (in alcuni periodi è totalmente permanente) e che ti permette di crescere spiritualmente ad una velocità impressionante. E nel crescere bisogna divenire sempre più responsabili delle azioni che si compiono, nel mondo visibile e non. Il cammino spirituale si compie passetto dopo passetto, ma ogni "passetto" va consolidato in plurime dimensioni, poiché deve essere recepito da tutte le nostre cellule e ancorato in tutti i nostri corpi sottili. Il cambiamento vibrazionale è graduale e l'innalzamento non può compiersi in poco tempo, poiché non saremmo preparati a ricevere quella quantità di luce, che anziché elevarci in Spirito, ci brucerebbe letteralmente. La crescita passa per oscillazioni squilibrate dei piatti della nostra bilancia interiore, che nel tempo, con l'esperienza, la pazienza, la perseveranza, la costanza e la temperanza, oscillano sempre meno, fino a raggiungere sempre nuovi equilibri, che ci fanno fare un balzo quantico in avanti, alla scoperta di sempre più appaganti dimensioni dello Spirito. L'impegno e la devozione sono due parti essenziali nello sviluppo accrescitivo dell'anima e sono proprio loro che permettono un rapido "avanzamento" nel contatto con le Gerarchie di Luce. E quando riusciamo a mantenere stabile la nostra frequenza in armoniche elevate, allora la connessione telepatica e spirituale con gli Esseri delle Gerarchie, diventa molto potente e un mese può davvero rappresentare un anno o più dal punto di vista esperenziale ed evolutivo. Ecco perché in questo momento epocale è così importante "applicarsi" allo Spirito, poiché i canali di connessione sono molto più aperti rispetto ad altre Ere. Noi siamo alla fine di un Ciclo Cosmico, conclusosi alla fine del 2012, ma che chiaramente ha bisogno di tempo per radicarsi veramente nelle coscienze. Certo è che avvengono sempre più ondate di risvegli e la Coscienza Collettiva si innalza sempre più, seguendo la risonanza accelerata della Terra e sempre più il tempo diventerà accelerato fino al cosiddetto punto zero che permetterà l'apertura dimensionale completa. Oggi siamo sostenuti da un flusso di Luce fotonica molto maggiore di altri periodi e per questo possiamo accelerare notevolmente la nostra evoluzione, che comunque volgerà a un bivio, potendo scegliere di servire la parte divina e di fratellanza che c'è nell'essere umano o di seguire solamente la mente inferiore legata alle passioni e alla materia più densa. Ma comunque stiamo andando verso un altro Paradigma, che richiede necessariamente l'apertura del cuore, perché è richiesto l'Amore come strumento fondamentale di vita, in ogni settore e campo.

Tutti stiamo sentendo sempre più accelerazione e sempre più voglia di pace, di tranquillità... siamo stufi di guerre, di ogni tipo e dunque ci apriamo a una maggiore consapevolezza e presenza, testimoniando che un nuovo paradigma sta nascendo su questa Terra.

Le Gerarchie della Luce sono sempre più in contatto con noi perché siamo noi che abbiamo modulato la nostra frequenza sulla loro vibrazione energetica e siamo quindi in grado di cogliere ciò che era impossibile prima.

Ed è proprio questo che stavo sentendo anche in Europa, a Montserrat: l'unione con la Luce!

Stavo sperimentando un altro versante del cammino della Luce, in senso letterale e metaforico. Stavo camminando su una Montagna Sacra, come lo era l'Uritorco in Argentina, rispettandola con la stessa attenzione, dando ascolto a ogni percezione che nasceva dentro il mio cuore, per poter cogliere l'insegnamento che mi avrebbe aperto a nuove comprensioni.

Cerro Uritorco o Cerro Macho, così denominato dagli antichi Indios

Veduta mozzafiato del Monastero di Montserrat

117

Appena scesa dall'altura della Maddalena, riprendemmo il percorso che riportava al monastero, scegliendo un cammino ombreggiato, davvero piacevole visto il caldo dell'ora di pranzo.

Quel sentiero assomigliava ai boschi che frequentavo in Italia, ricco di profumi e di alberi altissimi che rigeneravano il corpo e la mente. Attraversammo rocce lisce, con piccoli ponticelli che collegavano un versante all'altro, fermandoci a contemplare la bellezza che si apriva all'improvviso, fino al punto in cui si vedeva dall'alto il monastero, incastonato perfettamente tra due rocce altissime. Era uno spettacolo davvero meraviglioso, che allargava il cuore all'immensità, quell'immensità che contiene ogni informazione tu stia cercando.

Ci sedemmo per pochi minuti, circondate da pareti rocciose che assomigliavano moltissimo a Los Mogotes, così tanto che per alcuni istanti mi parve di essere a Erks. Chiusi gli occhi, mi rilassai con il respiro, ringraziai i Fratelli per accompagnarmi in quel viaggio, per darmi l'opportunità di essere strumento di luce anche in Spagna e mi lasciai trasportare nelle correnti ascensionali che si aprivano nel mio cuore. Vidi un punto in particolare di Los Mogotes, collegato alla Montagna di Montserrat, passando per molti "luoghi eterici", ognuno dei quali aveva una fonte di acqua di luce che lo collegava a un altro e così via, fino a formare una catena d'amore che univa tutti i continenti. Dentro la Terra è cava, tutta! Ed è bellissima!!!

L'acqua di luce, come la chiamo io, è plasma vivo che trasforma la materia, che la plasma appunto, creando strutture meravigliose, creando la materializzazione e smaterializzazione di oggetti molto "leggeri", tutto il Mondo Interno che ho visitato è meraviglioso, anche se ogni "parte" è particolare e unica. Ciò che ho visto è che tutti i Fratelli cooperano tra loro, in armonia e pace, supportandosi nei compiti da svolgere; non esiste il denaro, ognuno costruisce la sua abbondanza accompagnato e aiutato. E' una catena solidale di pace e sorrisi che mi ha rapito il cuore.

Quei luoghi che credevo esistessero solo nei miei sogni, sono reali e sono molto più belli da vedere nello stato di veglia consapevole, piuttosto che nel sonno.

So che sono una testimone di questo, che il mio compito è scrivere e diffondere la COMUNIONE DEI MONDI, poiché prima della Venuta del Nuovo, prima che emerga la Terra Interna, è la superficie di Gaia che deve ripulirsi completamente e i Fratelli sono nostri alleati, sono presenti, sempre, dentro e fuori di noi.

La Montagna di Montserrat nasconde segreti antichi quanto Atlantide, dentro questa Sacra Montagna esistono portali di collegamento con la Terra Cava, che sfociano in piccole comunità di Fratelli, diciamo "più giovani" rispetto ai Fratelli di Erks, che collaborano con i canali di superficie, aiutandoli nei loro compiti, aprendo loro la via perché svolgano la propria Tarea, tanto quanto a Erks.

In realtà, non esistendo il tempo, anche lo spazio acquista una nuova forma, che abbraccia ogni luogo contemporaneamente. In un attimo sei ovunque e simultaneamente e dunque in qualunque luogo tu sia, sai che non solo sei dove devi essere, ma che sei lì dove sono i Fratelli e i Fratelli sono lì dove sei tu. E' uno scambio mutuo e reciproco di assistenza nell'Amore incondizionato e quando sei costantemente con Loro, LA VITA E' PIU' BELLA, la vita è ricca e piene di conoscenze da scoprire, sentieri di luce da seguire, nuove avventure da condividere con Entità meravigliose che emanano un amore irraccontabile, che ti buca il cuore e te lo restituisce pieno di pace e commozione profonda.

La vita che ho scelto di vivere è cominciata a 48 anni... e non smetterò più di ascoltare il mio cuore perché la gioia è dentro di lui, perché è nel cuore che avviene il contatto con altre realtà, perché solo dal cuore può nascere la trascendenza e l'ascensione dell'anima nei piani più evoluti, sganciandosi definitivamente dalla ruota karmica, facendo un balzo quantico nell'evoluzione dello Spirito.

VI CAPITOLO

LA MAGIA DENTRO LA MONTAGNA DI MONTSERRAT

Come vi ho già detto, il viaggio in Spagna è iniziato sulla superficie esterna di Montserrat ed è terminato con l'esplorazione del suo interno, che mai avrei creduto così affascinante.

In questo libro ho deciso di pubblicare delle foto perché l'immagine "buca" il cuore, comunicando direttamente all'anima e se poi si uniscono le parole che nascono dal centro del cuore, allora il connubio diventa una forte spinta per il lettore, almeno secondo me e dunque potete vedere la bellezza interna di questa stupenda montagna, che vi invito a visitare, se ne avrete l'occasione.

Ho girato piccoli video dentro la sua cavità ed è pieno di Orbs che si muovono tutto intorno, che ti avvolgono, grandi e piccoli, lenti e veloci, insomma è davvero un'esplosione di energia palpabile che mi è rimasta nel cuore, anche ora che sto scrivendo mi sto emozionando al suo ricordo.

Era la fine del viaggio, la mattina seguente sarei tornata in Italia e se la coppia di amici che mi ha ospitato a Barcellona non mi avesse fatto la sorpresa, non avrei nemmeno saputo che c'era un "dentro" da visitare.

Era una splendida giornata di sole e dopo aver salito un fianco della montagna per una decina di minuti, arrivammo alla biglietteria per accedere all'interno. Il mio amico aveva prenotato, così in pochi istanti ci ritrovammo quasi nell'oscurità, a 14 gradi costanti, a prescindere dalla stagione che fa esternamente e con il 97% di umidità.

Era stupefacente!!!

Un gioco sapiente di luci tra il viola, il bianco e l'azzurro proiettava immagini sulla grande parete che si apre subito entrando a destra. Prima di iniziare la visita con la guida, c'era da vedere un video di una decina di minuti, che riassumeva, attraverso la proiezione di immagini con didascalie storiche, la vita della montagna, dal 4000- 4500 a. C. fino al dopoguerra, da quando è divenuta solo fonte di studio e diffusione della storia che si è svolta al suo interno.

Quel documentario era fatto benissimo, con una musica di sottofondo che mi ha letteralmente trasportato in un'altra dimensione, dalla quale provenivano flash di ogni tipo.

La voce narrante del video parlava dei tanti bambini che trovarono rifugio nelle viscere della montagna durante la Seconda Guerra Mondiale e percepivo ancora la sofferenza, la paura delle anime che l'avevano abitata e qualche lacrima scese sul mio viso perché vidi chiaramente i volti dei bambini, soli, che si lasciavano morire con fiducia nella vita... fu qualcosa di straziante e di bello allo stesso tempo, poiché da un lato si consumava una tragedia, ma dall'altra era chiaro che tutto era illusorio, non so come spiegarmi meglio. Era come se quella fiducia rispecchiasse una chiave molto più giusta della Vita Una, dove persino una tragedia come quella era letta alla luce della Verità e per questo tutto era perfetto, nonostante tutto. Ciò che aleggiava alla fine non era la Morte, ma la Vita, l'Amore che era ancora presente in quella Montagna.

Non fu solo quel particolare periodo storico a proiettarmi "altrove"... anche la parte iniziale, dell'Età del Bronzo e del Ferro, quando la Montagna era strutturata in piani, ben quattro e nelle sue profondità, con il tempo, si erano create magnifiche stalattiti e stalagmiti, di origine salina, che rendevano le cavità davvero spettacolari, anche per la notevole estensione di quasi un chilometro.

Esisteva una struttura sociale dentro la Montagna.

Il piano più in profondità era dedicato a coloro che svolgevano le mansioni più pesanti, come costruire gli utensili e cucinare e man mano che si saliva c'era il piano delle famiglie, degli orfani e di coloro i quali avevano il compito di guidare la piccola comunità. C'era anche una grande sala in cui si riunivano per discutere o ricrearsi ed è lì che mi sentii catapultata, in quel mondo, in quel tempo, come se il mio corpo fosse imbalsamato sulla sedia, ascoltando il video, ma il mio essere fosse indietro di migliaia d'anni... e la cosa sorprendente fu che per un istante l'osservatore era l'osservato, ero lì!

Mi è già capitato alcune volte, è molto difficile da spiegare con la logica perché non è una cosa che ha logica, ma ha senso per me, poiché io so cosa sperimento e la cosa più vicina per esprimere la mia esperienza è : sovrapposizione dimensionale, un cambio quantico di stato che mi teletrasporta nello spazio-tempo in quello che sto osservando. In quei momenti vedo esattamente a 360 gradi, come se realmente vivessi quello che sto osservando. E in questo caso percepivo i dolori dovuti allo sforzo eccessivo, vedevo la fatica che in quel tempo si faceva per poter sopravvivere e questo mi allargò improvvisamente il cuore, tanto da riportarmi nel corpo fisico con uno sbalzo energetico.

Era come se in un flash avessi approfondito la mia riflessione sull'evoluzione del genere umano e delle sue responsabilità ben maggiori in questo momento storico, piuttosto che in un'Età in cui l'oscurità era la regola, in cui la vibrazione dell'essere umano era davvero sotto terra, proprio come la montagna in cui vivevano.

Improvvisamente vidi come l'umanità avesse affrontato nel corso di migliaia d'anni la sua crescita evolutiva, vissuta come una lotta, come una guerra che aveva lasciato sul campo di battaglia tantissimi morti, ma nello stesso tempo vidi come niente aveva potuto fermare l'Evoluzione, il riavvicinamento alla Verità, il progredire in Avanti della specie umana.

Sebbene siano tante le cose che ancora oggi vadano migliorate, comunque, in poche centinaia di anni si sono fatti dei progressi incredibili e quello che mi ha fatto riflettere era come questa crescita sia stata esponenzialmente aumentata nell'ultimo secolo. Se pensiamo a soltanto cento anni fa, lo sviluppo della scienza e della tecnologia ha fatto passi in avanti corrispondenti ad alcune centinaia d'anni e non solo a un secolo, perciò i miei occhi ripercorsero cicli cosmici, durante i quali l'Uomo aveva imparato ad essere sempre più il centro della vita terrestre, vivendo il lato "istintivo" e quello "spirituale" con separazione e questo Tempo avrebbe riportato l'Unione in se stesso, attraverso il perdono e la gratitudine da donare a Madre Terra, spettatrice di ogni tipo di scenario temporale.

Immagini rapidissime si alternarono in frazioni di secondo allargate, un grande senso di vuoto arrivò fino in gola, per poi lasciare che il silenzio parlasse di speranza, di fede, di comunione. Il bello e il brutto, il male e il bene, erano soltanto due facce della medaglia del Gioco Cosmico, ma ora era giunto il momento di ESSERE L'INTERO, di essere la totalità della medaglia, che ha imparato ad amare sia un lato che un altro di se stessa, che non cerca più la separazione e il giudizio, ma la pace e la collaborazione, l'armonia e l'equilibrio.

E improvvisamente una Gioia totalmente Nuova salì dal mio cuore, che pompava sangue con tale intensità che pareva quasi uscirmi dal petto. Un'immensa gratitudine sbocciò nella mia anima, ero tanto felice di essere lì e di iniziare la visita guidata dentro le profondità di Montserrat.

Ciò che vidi fu magia! Grotte, cavità, stalagmiti e stalattiti di ogni grandezza, altezza e dimensione, Orbs, Presenze e tanta bellezza, messa sapientemente in risalto dalle luci delicate che conferivano ancora più magia al ventre della Montagna. Gallerie, scale e ponticelli si alternavano durante la nostra camminata sotterranea e la guida si fermava di tanto in tanto per spiegare meglio una certa roccia o una sala o il punto esatto di una nuova scoperta all'interno della montagna, come fu per la sala delle Riunioni che scoprirono, se non ricordo male, soltanto negli Anni '20.

Eravamo gli ultimi del gruppo, proprio per poterci fermare in silenzio e ascoltare le rocce della Montagna. In due occasioni io e Adriana ci appoggiammo alle pareti rocciose quando sentivamo il loro "richiamo"; la loro energia era incredibile, pacifica e calma, avvolgente, tanto che da alcuni video che facemmo, si vedono passare tantissimi Orbs, grandi, piccoli, veloci e lenti, con luci differenti ogni volta. Era davvero una magia, anche se sentivo che noi stavamo visitando solo una piccolissima parte dell'interno della Montagna, scendendo fino a quasi 50 metri di profondità. Infatti si racconta che alcune scoperte non siano mai state rivelate, c'è chi parla di una città segreta nascosta nelle cavità della Montagna, Agharti, e solo in pochissimi sanno veramente qual è la verità. Certo è che anche io sentivo il richiamo verso alcuni punti nelle rocce, come se "dietro" di esse ci fossero tunnel che univano alcune parti di Montserrat. Sentivo che c'era molto ma molto di più e pensavo che sarebbe stato molto interessante partecipare a degli scavi che spesso facevano.

Pare che appunto in uno di questi siano state fatte delle scoperte importanti da un punto di vista sotterraneo e che alcuni studiosi stiano tenendo in osservazione alcuni punti soggetti a piccoli smottamenti dovuti al forte campo elettromagnetico e alla cavità e per questo vengono svolti controlli periodici per verificare che non ci siano pericoli.

Avrei voluto meditare un po', ma purtroppo non fu possibile, visto che la guida aveva un orario da rispettare, perché a seguire c'erano altre visite.

Infatti, ci sono molte persone che vengono a visitare queste grotte e in alcuni periodi è necessario prenotare con largo anticipo per poter entrare. Va da sé che il tempo per ogni visita guidata non può sforare di tanto la tabella di marcia, anche se devo dire che essendo i primi della giornata, abbiamo potuto approfittare di una mezz'ora in più rispetto al normale tempo previsto per l'escursione.

Prima di uscire, mi soffermai su una roccia, la ringraziai come fosse l'intera Montagna, per aver assistito la vita umana, per averla protetta quando le guerre di superficie le avrebbero inflitto una sconfitta ancora più pesante. Non sarei uscita, sarei rimasta un altro po', così la guardai per un'ultima volta, prima di socchiudere gli occhi per la luce intensa che proveniva da fuori.

Fu davvero un bellissimo regalo, inaspettato e sorprendente per quello che avevo potuto vedere e sentire con il mio cuore. Quelle conformazioni rocciose e saline avevano lasciato in me una profonda sensazione di gratitudine e quindi di benessere, a tutti i livelli. Avrei portato con me un altro pezzetto di verità risvegliatasi nel cuore, che si aggiungeva al quadro complessivo del cammino che stavo percorrendo.

Tutto era perfetto, lo percepivo profondamente.

Uno dei cammini di Montserrat

Uno dei meravigliosi Orbs all'interno della Montagna di Montserrat

Il viaggio era stato molto istruttivo, per molti versi. Mi aveva insegnato la pazienza, l'adattabilità, la flessibilità e mi aveva anche dato una spinta verso l'operatività che nei mesi estivi era un po' mancata. Avevo voglia di profonda solitudine per approfondire tutti gli insegnamenti che avevo ricevuto e per elaborarli nell'integrazione pratica della vita quotidiana. Grazie a Montserrat avevo compreso che le cose non sono per niente come appaiono, proprio come la Montagna che vedevi fuori nascondeva ben altro al suo interno. Avevo davvero compreso in profondità il fatto che ogni aspettativa è mal riposta quando si tratta di anticipare ciò che per natura deve fiorire seguendo il suo tempo. Mi ero resa conto che avevo molto materiale da elaborare, nel senso fisico e metafisico, poiché a ogni crescita interiore corrisponde anche una crescita esteriore, nel senso che quando dentro di te cambia un paradigma, automaticamente tutto il fuori non ti risuona più come prima e cambia improvvisamente. Le cose che ti interessavano prima vengono scremate naturalmente e solo poche diventano importanti; le prospettive si ampliano e quello che non era visibile prima, ora lo è e tu devi imparare nuove regole, nuovi approcci alla realtà, filtrando sempre più con il sentire ogni pensiero che si presenta. Ogni persona che entra ed esce dalla tua vita, ogni più impercettibile cosa viene vagliata nelle profondità del cuore e questo accresce il coraggio richiesto per continuare a camminare, perché quando sei disposto a seguire veramente il cuore, devi essere disposto ad abbandonare tutto quello che non è più per te, ogni situazione, ogni persona che non è più nelle tue frequenze, è destinato ad uscire dalla tua vita e più ne sei consapevole, più sarà facile il nuovo passaggio che la Vita sta preparando per te.

Più riuscirai a "saltare" e più panorami dello Spirito potranno manifestarsi nella tua vita. Il non attaccamento ti permette di velocizzare l'apprendimento, ti permette di amare ancora più in profondità, perché ogni cosa non è tua e lo sai non perché la tua mente lo capisce logicamente, bensì perché lo sperimenti nel vissuto, ogni momento, non lasciandoti influenzare né dalle lodi né dalle delusioni, inevitabili insegnanti nella vita quotidiana. Prima impari a non attaccarti alle cose, poi alle situazioni e ai loro esiti e infine alle persone e quest'ultima è la cosa più difficile, poiché è la prova del nove della reale comprensione. Quando riesci DAVVERO a non essere più influenzato dai comportamenti delle persone, soprattutto da quelle più vicino a te, più sarai connesso alla Fonte senza abbassamento frequenziale. Più sarai osservatore della vita e più tutto diventerà funzionale al Sogno della tua Anima, senza però essere indispensabile alla sua realizzazione.

Montserrat mi aveva insegnato a guardare le cose con ancora più distanza, mi aveva donato una visione più ampia delle vicende umane, mi aveva fatto comprendere che ciò che sembra fuori, quasi sempre non è così dentro e che se vogliamo veramente evolvere, se vogliamo davvero essere amanti di Dio, allora dobbiamo viaggiare con onestà, anche quando l'onestà comporta il distacco da persone e situazioni a cui avevi dato importanza prima. Questo non significa essere scorretti, ma coerenti con il sentire, coerenti con l'evoluzione spirituale dell'Anima, che rimane la cosa più importante da rispettare su questa Terra.

Quando si dice che il cammino è solitario, significa proprio che per quanto tu condivida il tuo Essere con il mondo, ci sarà sempre un nuovo bivio nella salita verso il Cielo, in cui dovrai scegliere cosa portare nella bisaccia delle provviste e cosa lasciare... e più bivi incontrerai, più cose dovrai abbandonare, pena il troppo peso che ti impedirebbe di arrivare in cima... e cosa lasci???? L'attaccamento, per le cose più materiali prima, per le aspettative poi e infine abbandonerai anche l'attaccamento alle persone e al ruolo che ricoprono nella tua vita, perché in fondo devi riscoprire chi sei in solitudine.

Ognuno è stato un tassello importante, chi più chi meno, ognuno ti ha insegnato quello che dovevi apprendere, nell'infinito gioco degli Specchi Cosmici, fino al punto in cui ogni specchio rifletterà la stessa immagine, pura e pulita: la tua meravigliosa ANIMA!

Capisco che sia un discorso ampio e complesso e che se si analizza con la logica possa sembrare persino cinico, però è proprio così, anche se questo non significa affatto non voler bene, tutt'altro!

Il distacco significa solamente che ami tutto nella stessa misura, che ami il "bene" e il "male" di ogni cosa, senza giudicarle nelle loro forme, ma facendo tuo l'insegnamento nascosto per te e una volta scoperto il messaggio, spicchi il volo verso nuovi lidi, poiché la lezione è stata appresa e ora ce ne sono altre da imparare.

Nell'universo è crescita continua, anche quando si "giungerà" nella famosa Quinta Dimensione, sarà soltanto un nuovo inizio, poiché nell'Espansione Cosmica tutto è accrescimento della Coscienza e l'Amore è il segreto per poter cavalcare ogni Nuova Onda e per vivere la Verità dello Spirito!

CAPITOLO VII

SIMILITUDINI E DIVERSITA' TRA MONTSERRAT E CERRO URITORCO

Erks mi aveva fatto incontrare in Argentina le persone che mi avrebbero ospitato in Spagna e che mi avrebbero aiutato a diffondere il suo messaggio attraverso la presentazione dell'ultimo libro e attraverso i luoghi in cui il contatto con le sue Montagne era profondo ed evidente.

Erks aveva previsto tutto, come sempre, nel senso che mi aveva condotto in Spagna per pormi in contatto con altre città dimensionali, con altri Esseri di Luce che lavoravano per il Piano Divino, per poi raccontarlo in questo libro, che avrebbe svolto un ruolo di collegamento tra i due emisferi terrestri.

Più vado avanti nel cammino, più rimango sorpresa di come le cose accadano, di come ogni tassello della vita quotidiana venga stravolto, se è scritto nel tuo destino che devi adempiere a un certo compito.

Molte cose che credevo si sarebbero realizzate in questo 2018, non sono ancora accadute, mentre quelle che non mi aspettavo hanno piantato il loro seme nella mia coscienza e il viaggio in Spagna è una di queste. Siamo a metà novembre, proprio ora che sto scrivendo, e tante cose sono cambiate dal mio rientro in Italia. Ho dovuto forzatamente cambiare mille programmi, ma Erks rimane sempre il mio punto fisso, rimane un faro nelle traversie della vita che illumina i miei sentimenti e le mie azioni. Sicuramente ho molti difetti, ma faccio tutto con il cuore, e sinceramente non ho più voglia di "dimostrare" chi sono. Io sono ciò che sono e vado avanti, perché l'unica cosa che conta è REALIZZARE IL SOGNO DELLA MIA ANIMA, che ora è chiarissimo, mancano i mezzi pratici, ma quelli li troverò perché ciò che batte nel mio cuore è più forte di ogni impedimento, di ogni bastone fra le ruote.

In questi mesi ho appreso l'importanza dell'energia del pensiero, l'essenzialità del focalizzare l'attenzione sul progetto animico, nutrendolo con meditazioni mirate, volte a manifestare sul piano terreno ciò che già vedo esistere nel futuro. Proprio grazie alle meditazioni che ho svolto in Spagna, ho imparato a rapportarmi con il mondo fenomenico e a "utilizzare" con il consenso delle Forze Elementali e degli Angeli, l'Energia Luminosa Creativa. Sto imparando sempre più a "condensare" il mio Sogno, attraversando lo spazio – tempo, fino a collassare la variabile paradisiaca in cui il mio Sogno E' GIA' REALTA'.

Manco da Erks da sette mesi e mezzo e dovrò attendere ancora prima di poter tornare. Mai sono stata lontana da Lei così a lungo, ma credo che questo distacco prolungato sia stato necessario soprattutto per accrescere la fiducia e per testare la forza della mia anima. Non soffro più di nostalgia, ma sicuramente mi manca non essere lì, mi mancano le sue Montagne e con tutta sincerità, dico che Montserrat è un luogo energetico affascinante, da scoprire e da respirare con il cuore, ma per me non potrà mai essere il Cerro Uritorco.

Come sempre, posso narrare la mia esperienza, che non vuol essere motivo di "vanto", ma solo di confronto e di condivisione ai fini di una crescita evolutiva comune e ciò che posso dire è che esistono collegamenti energetici tra Montserrat ed Erks, unite tra loro attraverso "porte" che danno l'accesso ai tunnel sotterranei che collegano tutta la Terra Cava.

Esistono città grandi e più piccole, di Quarta e Quinta Dimensione e quindi non tutte sono uguali, così come i suoi abitanti. Infatti ci sono Esseri di Luce che abitano in luoghi di Quarta Dimensione, soprattutto sotto i Pre-Pirenei, mentre ci sono Esseri di Quinta Dimensione e oltre sotto Monte Perdido e sotto un versante di Montserrat.

Ciò che ho percepito è che i portali di accesso di Montserrat sono meno in profondità, più facilmente raggiungibili, in termini di frequenze. Anche qui ci sono Guardiani che sorvegliano le porte di accesso, ma la vibrazione richiesta per entrare, diciamo così, è meno sottile di quella che ho percepito a Erks.

La mia netta sensazione è che ci siano città di Quarta Dimensione, come Agharti, in cui vivono alcuni degli Atlantidei che qui trovarono rifugio dopo la caduta di Atlantide. Infatti Atlantide sprofondò nel Mediterraneo e gli Atlantidei crearono un portale di connessione tra la superficie terrestre e Agharti, nascondendo agli occhi inesperti e ignoranti, la verità su Montserrat.

In una meditazione che ho vissuto profondamente, ho potuto vedere una parte di questa bellissima città, incastonata tra montagne bellissime e attraversata da una specie di mare sotterraneo, di color smeraldo e turchese, le cui onde placide creano una schiuma brillante che sembra diamantina. Qui vivono alcuni miei "amici", nel senso che sono Anime con cui ho già vissuto in Atlantide, con cui ho lavorato per il Piano di Luce Vera negli anni della caduta. Non è un caso che il primo contatto con le mie memorie cellulari sia avvenuto a Erks, nel primo viaggio e che la visione riguardasse una mia vita proprio ad Atlantide. Mi sono rivista morire con coraggio, dopo che la mia navicella spaziale era stata abbattuta da raggi laser nemici. Precipitai nel buio delle profondità marine e un senso di asfissia mi "riportò" in questo corpo, ma rimase in me la chiara sensazione di essere stata un'Atlantidea, sensazione che era ritornata prepotentemente durante un viaggio fatto due mesi prima di quello spagnolo, in Italia.

Era un viaggio spirituale nel quale si lavorava anche con il rilascio di memorie pesanti e in quest'occasione mi vidi sepolto vivo (ero un uomo), mi vidi torturare con il fuoco, durante l'ultimo Regno di Atlantide, perché ero rimasto fedele all'Alleanza con Lemuria, mentre il nuovo potere aveva reso schiavi i poveri Lemuriani che non erano riusciti a rifugiarsi in un altro luogo della Terra Cava: il Monte Shasta. Ecco che dunque altri tasselli delle mie vite si stavano riunendo, mostrandomi, ancora una volta, un altro quadro delle mie incarnazioni, completato anche dal nome che mi risuonava nella mente dalla fine di luglio, in ogni meditazione: ROTH.

Io sono stata un alto Sacerdote di Atlantide, liberi o meno di crederci, ma io so che è così e non solo per intuizione, ma proprio perché l'ho rivisto e in alcune parti rivissuto.

Lavoravo all'interno di grotte profonde, illuminate da cave di quarzi, smeraldi e altre pietre color azzurro chiaro, c'erano molti alambicchi con materiali liquidi e gassosi, pericolosi da un lato, ma creatori di meravigliose realtà dall'altro. Ero uno scienziato sacerdote, che usava la materia oscura per creare Luce, utilizzavo la materia e la "spiritualizzavo". Quasi tutti credono che l'oscurità sia male, ma la "materia oscura" è necessaria per creare trasmutazione alchemica ed energetica, poiché la Forza Creatrice proviene dalla Trasmutazione dell'Oscurità. So che questo può scandalizzare alcuni, far rabbrividire altri e arrabbiare altri ancora, ma è ciò che ho visto... e ciò che ho fatto, per tanti anni. Il problema non è la forza oscura, ma l'uso che se ne fa.

Il cosiddetto "Occhio" è un potenziale quantico infinito e può essere convertito in luce pulsante, in cariche elettriche che generano creazioni di ogni tipo, persino Mondi. Ora che sto scrivendo, mi sto meravigliando delle parole che sto utilizzando, anche perché ho sempre amato l'umanistica in generale, ma non ho mai capito nulla né di fisica né di chimica. Ho una mente che recepisce le informazioni " scientifiche" e mi è sempre piaciuto costruire, creare ed ora comprendo molto bene il perché.

Il mio perfezionismo deriva da vite impiegate ad allenarmi nella disciplina e nello studio delle Sacre Scienze Creative Atlantidee e non solo, di certo tante sono le immagini, i simboli e i ricordi che ho di quella incarnazione e dunque conosco alcuni dei misteri che sono legati alla città sommersa.

Atlantide non si inabissò rapidamente come Lemuria, che sparì in una sola notte; Atlantide toccò il fondo con l'utilizzo sconsiderato dell'energia nucleare e soprattutto con la cattiveria che si impossessò delle menti inferiori di coloro che avevano accesso al potere e alle regole sociali.

Fu il caos! Alcuni, soprattutto gli anziani e i bambini, riuscirono a raggiungere alcune grotte di conformazione naturale, ma la maggior parte di loro non ce la fece. Soltanto in pochi si salvarono, raggiungendo le profondità delle montagne, fra cui quella di Montserrat.

Quanti ricordi! Quanti sacrifici abbiamo compiuto come esseri umani, in tutti i sensi, sia in positivo che in negativo. Noi siamo davvero esseri divini e diabolici, nella stessa misura, ma lo scopo dell'incarnazione è proprio quello di riunire in un unico CUORE le nostre metà, cucendole con l'amore! Solo l'Amore libera, cura, nutre, dona conoscenza e ci porge su un vassoio d'argento la VERITA'!

Montserrat salvò i pochi Atlantidei rimasti, che approdarono, dopo un periodo di purificazione intenso svoltosi nelle cavità di questa Montagna, ad Agharti. Questo Regno era già esistente, ma gli Esseri che lo abitavano, amorevoli creature, seppero leggere il cuore di quei superstiti e li invitarono a vivere secondo le Leggi dell'Amore, le stesse che avevano promosso l'ascesa della Civiltà Atlantidea e che quelle anime avevano mantenuto vive nel proprio cuore. Ecco dunque che Agharti divenne un punto di accesso per coloro i quali erano pronti a livello evolutivo, per coloro i quali era rimasta accesa la fiaccola dell'Amore Incondizionato. Nel tempo, il Governo di Agharti sviluppò rapporti con altre città della Terra Cava, unendosi nella Fratellanza che Atlantide non riuscì a vivere nella realtà manifesta.

Alcuni studiosi affermano che Montserrat sia la Montagna dove è stato nascosto il Santo Graal dei Templari, curiosa coincidenza con il Mondo Intraterreno di Erks. Ricordo una visione che ebbi durante la cerimonia della luna piena a Los Terrones, che descrivo dettagliatamente nel mio secondo libro " Erks viaggio nel Nuovo Mondo", nella quale vidi i visi dei Cavalieri Templari sepolti nella Terra Argentina. Avevano gli occhi socchiusi e riposavano in pace, con il sorriso sulle labbra; le loro divise erano grigie con bordi azzurri e rossi, e io vidi come la loro morte fosse stata orchestrata dalle stesse persone che li avevano inviati in quelle terre e lo scopo era sempre lo stesso: il potere per governare il mondo.

In Argentina, nell'area dell'Uritorco, cercavano il Baston de Mando e in Europa, a Montserrat, il Santo Graal, ma dato che esotericamente rappresentava la stessa cosa, ci sarebbe da chiedersi se non si tratti dello stesso "oggetto dimensionale". Con certezza possiamo affermare, però, che i nazisti arrivarono a cercare sia a Montserrat che nell'area dell'Uritorco; ci sono tante e comprovate testimonianze di questo e del fatto che Hitler, grande esoterista, volesse "accaparrarsi" il famoso Graal per poter dominare il mondo. In entrambi i luoghi non furono trovate tracce né del Baston del Mando né del Santo Graal, ma si dice che venga ancora cercato.

Quello che fa riflettere, a mio avviso, è il fatto che in varie epoche, corrispondenti a Ere diverse, la Terra Interna ha sempre ospitato i puri di cuore. Antichi Indios, Indiani d'America, Atlantidei, Lemuriani e altri popoli probabilmente ancora più antichi, hanno continuato la loro evoluzione nella Terra Interna, ricca di bellezze ancor più grandi di quella di terza dimensione, piena di fiumi sotterranei, laghi e mari, di un sole più "morbido" nelle sue manifestazioni luminose. Templi eterei, meravigliosi, verde lussureggiante abbagliante, creazioni da sogno, tutto è in armonia e proprio l'armonia ha permesso il contatto con gli altri Popoli della Terra Interna e dello Spazio, poiché è dallo spazio che vengono alcuni genomi umani. Dunque l'argomento è complesso, ma per concludere la mia descrizione di Montserrat, posso dire che è un luogo pieno di magia femminile, pieno di amore, nonostante le tante battaglie che ha visto combattere e che a livello esoterico, gli studiosi che stanno ampliando le ricerche nelle sue cavità, sanno bene che la Terra è cava e, a mio parere, stanno cercando proprio la Città di Agharti, che però, come il Santo Graal, non verrà trovata, poiché l'accesso è ben custodito e soprattutto perché l'Entrata è dimensionale. Senza una "certa frequenza vibratoria" non si aprono i Sigilli che permettono il passaggio dentro il suo magico paradiso.

Montserrat è uno spettacolo di versanti intrecciati tra loro, con una varietà che appassiona e intriga, è tanti percorsi differenti che donano sensazioni diverse, ma sempre molto amorevoli e delicate. Ma sicuramente ciò che più mi ha affascinato è la sua parte interna, sono le sue energie che mi hanno attirato come il ferro a una calamita. E ciò che ho scoperto è un mondo meraviglioso, con passaggi dimensionali importanti, che si mostrano all'umiltà del cuore e che trasformano un semplice uomo in un

Essere Umano risvegliato al potere della sua Anima.

Dunque posso affermare che sia Montserrat sia l'Uritorco sono due Sacre Montagne, che "nascondono" portali dimensionali che collegano a città sotterranee in cui vivono Esseri Evoluti che ci accompagnano da sempre, provenienti da più Realtà, con "formazioni" diverse, con Genomi differenti che in questo momento storico terrestre stanno sempre più venendo alla luce, poiché è il Tempo del Riconoscimento delle Famiglie Cosmiche e della verità sulle origini della Razza Umana.

Chi giunge a queste sacre Montagne può curare le ferite dell'anima e sanarle con l'amore che sboccia nel cuore, perché il vero miracolo di ogni Montagna sacra è spegnere la mente e accendere il cuore alla magia dell'Amore!

Le similitudini sono molte, ma anche le differenze tra questi due Giganti d'amore.

Montserrat è "più giovane" mentre il Cerro Uritorco ha una conformazione più antica, ma a parte questo, la differenza principale è che nelle cavità profonde di Montserrat è presente una città di Quarta Dimensione, che in questa epoca di risveglio sarà vista prima di quelle di Quinta Dimensione.

Molti esseri umani già vivono a cavallo tra la Terza e la Quarta Dimensione ed è per questo che il contatto è possibile e che sempre più rapidamente saranno visibili Mondi che sono sempre esistiti, ma che erano protetti dai Sigilli Dimensionali che ora sono accessibili, perché, ripeto ancora una volta, il contatto è una questione di FREQUENZA VIBRAZIONALE: più vibri alto e più conoscerai la Verità dell'Interno della Terra e delle Stelle nel Cielo.

Entrambe sono magnifiche esperienze da vivere, ma io sono di parte poiché il mio "risveglio" imponente è avvenuto alla Puerta del Cielo, è avvenuto nell'epicentro energetico di Erks, per cui io non posso che amarla sopra ogni altra cosa. Inoltre sono stata fisicamente a Erks molte volte, rispetto a Montserrat, perciò ho avuto modo di avere più esperienze di contatto e di sperimentare percezioni incredibili.

Dentro il Cerro Uritorco ci sono tanti portali, intesi sia come luoghi fisici, sia come punti di accesso sotterranei molto profondi, nel senso che più si scende e più è elevata la frequenza vibrazionale, per cui non è detto che se "passi" un portale, potrai "passare" il successivo.

In ogni transito esistono luoghi dimensionali magici, ma diversi, nell'aspetto e nell'organizzazione di vita, nei compiti dei Fratelli e nelle tecnologie conosciute e impiegate. Inoltre le diversità sono di natura Monadica, nel senso che ogni Civiltà Evoluta ha capacità distinte, mirate a particolari "rami" di scienza evolutiva e tutti i Fratelli Maggiori rappresentano nell'insieme, uno spettacolo inenarrabile di Bellezza e Pace che può essere vissuto quando la nostra vibrazione è pura, tanto da permettere alla loro "Luce" di manifestarsi senza pericolo per il nostro corpo, fisico e non, poiché la Loro energia è molto potente e ci brucerebbe letteralmente se non fossimo capaci di assorbirla attraverso i nostri corpi sottili, che devono essere sviluppati e integri. Ecco, sotto l'Uritorco, io ho visto più accessi dimensionali, in profondità "verticale", mentre a Montserrat ce ne sono meno e sono estesi "orizzontalmente".

L'Energia di Montserrat è molto femminile, è compassionevole, in certi punti assomiglia a quella che ho sentito sulle cime di Las Gemelas e in altri a quella di Los Mogotes, nella parte più vicina a Capilla Del Monte. Ma onestamente devo dire che ho visitato Montserrat meno approfonditamente di Erks, anche se in me rimane la netta percezione che Montserrat sia una "base più piccola", con un'identità più marcata rispetto a Erks, nel senso che a Erks convergono più Razze Cosmiche rispetto a quelle che abitano sotto a Montserrat.

Quello che però mi preme sottolineare è che, nonostante le diverse frequenze tra le due parti terrestri, ciò che unisce tutti gli Esseri Evoluti è l'amore e lo spirito di servizio verso Madre Gaia e gli Esseri Umani e questo è ciò che accomuna questi due luoghi: essere al Servizio del Grande Piano Cosmico con Amore Incondizionato! Alla fine tutti gli esseri Evoluti ci aiutano nel risveglio, ci sostengono nella ricerca della Verità e dunque qualsiasi differenza non ha più valore, poiché l'Amore è Amore, ovunque!

Quello che mi sento di dire è che se la Vita mi ha condotto lì, è perché potessi sperimentare il contatto, è perché potessi raccontare di come la Verità è Verità, in Europa come in Sud America e che nonostante Erks rimanga la mia Amata, anche la Montagna di Montserrat ha un angolo speciale nel mio cuore, perché mi ha comunicato il suo Amore disinteressato verso ogni creatura, perché mi ha mostrato il Volto dell'Accoglienza della Madre e di quanto grande possa essere la sua compassione per ogni forma di vita.

Quello che posso dire è che a Erks mi sono risvegliata e so perfettamente che ho vissuto più vite in quella magica Terra, ma so anche che ho sperimentato incarnazioni in Francia e Spagna e che Montserrat è stata una Compagna fedele, che mi ha protetto e amato, che mi ha insegnato quante voci possiede il Silenzio e che mi ha accolto a braccia aperte quando nessun' altro mi voleva. E' a Montserrat che ho trovato rifugio come Anima con un corpo ed è grazie alla sua energia che ho cominciato il cammino dello Spirito, delineando il viaggio di ritorno a Casa.

Come ho accennato in un altro mio libro, ho scoperto la montagna soltanto a vent'anni, per il fatto che tutta la mia famiglia proveniva da un posto di mare, per cui sono sempre stata fra le onde. Però un'estate, per "casualità", andai in Trentino Alto Adige, una regione del nord Italia e mi innamorai di ogni cosa, una riscoperta che mi dava una gioia che non avevo mai provato davanti alla Natura. Da allora, ogni montagna mi rapisce lo sguardo, anche quella che osservo dal finestrino di un treno ed è chiaro che poter visitare Montserrat sia stata un'esperienza bellissima, ma quando penso a Erks ho il cuore in gola e questo, in tutta onestà, non lo provo per la montagna spagnola.

I miei ricordi delle incarnazioni vissute, mi conducono sempre a Erks, anche se non ho la completezza della totalità delle vite e per questo, credo, sto ricomponendo il puzzle della mia Anima, incastrando ogni pezzettino che la vita mi mostra.

Ogni viaggio che faccio oggi, è un viaggio nello Spirito, che mi dona una comprensione più ampia, che mi regala sempre una nuova visione da cui guardare con l'Anima. Tante vite vissute, tanti insegnamenti imparati nel corso di ere antiche e che oggi devo dimostrare sul campo di aver compreso. Dentro il mio cuore si aprono caverne da illuminare, poiché tante sono state le catene che mi hanno legato all'illusione e ora è giunto il momento di far luce sulla mia oscurità. Dentro di me c'è una sofferenza così profonda che per sgretolarla tutta occorre tempo e tanta pazienza, serve non giudizio e temperanza, perché questo tempo porta alla superficie non una incarnazione, ma tutte quante e ad Erks ho cominciato il lavoro certosino di "ripulitura karmica", ma per compierlo tutto occorre tempo e tanta tanta pazienza.

A Montserrat ho sperimentato un altro pezzettino della mia anima, un altro tassello che va ad incastrarsi nel grande puzzle della ruota karmica e che ho accettato e riconosciuto come parte di me.

Sono profondamente grata ai Fratelli e al Gran Consiglio degli Anziani di Erks per avermi sempre amata e supportata, per avermi asciugato le lacrime quando la tristezza ha preso il sopravvento, per avermi inviato Angeli e Arcangeli nei momenti più difficili, per avermi dimostrato che l'Amore è tutto ciò che sono e che siamo.

Erks è dove è il nostro cuore ed essendo lontana da Lei devo confrontarmi con questa verità tutti i giorni. Io non ho la possibilità, come molti di voi che abitano in Sud America, di fare una pazzia e partire per due, tre giorni per ricaricarmi tra le sue Montagne. Io devo programmare con mesi in anticipo, io devo preparare prima tutti i presupposti per partire e non è mai facile farlo, soprattutto in questo finale di 2018 in cui le cose sono molto complicate e non so ancora quando potrò riabbracciare la mia Amata Erks! Proprio per questo sono "costretta" a fare i conti tutti i giorni con la sua lontananza, con la nostalgia e dunque l'unico modo che ho per essere lì con Lei, è Essere Lei! Ho imparato e continuo ad imparare sempre nuovi modi per connettermi a Lei, anche se in fondo ne esiste soltanto uno: amare!

Quando sono triste, accendo l'incenso, mi siedo in silenzio, osservo il respiro, canto qualche mantra e magicamente sono davanti alle sue Montagne, viaggio tra le sue Valli, osservo in volo come un'aquila la sua maestosità e so che Lei è in tutte le mie cellule, vedo i Fratelli che mi sorridono e che mi vengono incontro, vado sempre più in profondità per sentirla vibrare in ogni parte di me. Sebbene sia dall'altra parte del mondo, io non manco MAI di onorare la sacralità del nostro intimo incontro, non manco MAI di pregarLa di sostenermi, non manco MAI di chiederLe forza e umiltà.

Montserrat è una magia grande, ma Erks è LA magia più grande della mia vita!

Foto scattata nel Giugno 2017 mentre ero all'interno dell'auto nella mia

prima Tarea

CAPITOLO VIII

IL MESSAGGIO DI COMUNIONE DEI FRATELLI DI ERKS

Quest'ultimo capitolo è una "canalizzazione" dei Fratelli Pleiadiani che interagiscono con la flotta cosmica dei Fratelli della Terra Interna di Erks. Negli ultimi tempi mi capita sempre più spesso di sentire chiaramente la loro presenza e di scrivere alcuni loro messaggi. Questo messaggio è un loro dono, nella speranza di aiutare il risveglio planetario, per manifestare il Piano di Luce sulla Terra!

Amati,

siamo la Fratellanza Pleiadiana, Anime che si alternano in questa canalizzazione in un'unica voce. Ci teniamo a dirvi che ammiriamo la vostra scelta coraggiosa di essere incarnati in questo momento sulla Terra. Molti di voi sono nostri diretti "parenti cosmici", poiché provengono proprio dallo stesso "luogo" in cui noi viviamo la Dimensione Celeste.

Molti di voi hanno lo stesso nostro Genoma Galattico ed è per questo che ci sentite particolarmente vicini, perché ci state riconoscendo nel cuore, state riconoscendo la nostra frequenza come appartenente alla vostra anima.

In un tempo lontano, eravate qui con noi e in verità siete ancora qui, ma nella vostra percezione tridimensionale questo può essere solo un'intuizione, che però sempre più vi porta verso il riconoscimento di chi veramente siete. Alcuni di voi avranno brividi intensi quando leggeranno queste righe, altri piangeranno di commozione, altri ancora sapranno che la verità sta andando loro incontro, ma tutti voi siete amati allo stesso modo, con la stessa intensità e totalità del nostro essere.

Molto tempo fa la Galassia fu sconvolta da una Guerra Intergalattica, che portò alla formazione della Confederazione Galattica tra Popoli Evoluti di questo Sistema Solare, che si unirono per "vigilare" sulle dimensioni più basse, affinché potessero svilupparsi le condizioni dell'Equilibrio cosmico nel Gioco della Dualità terrestre e non. Voi credete che la Terra sia grande, ma se poteste vederla dallo spazio, vi rendereste conto di che puntino sia nella Grandezza della Manifestazione Divina.

Noi come Pleiadiani non parliamo di Dio, ma della Sorgente Primaria; noi non parliamo di Spirito ma di Essenza Originaria, noi non parliamo di Bene e Male, ma di Regole Cosmiche necessarie per esperire il Gioco. Ormai sapete che la scienza quantistica ha dimostrato l'esistenza di una Fonte Intelligente, di un'Intelligenza Superiore che regola perfettamente la Creazione e la Manifestazione, ma non è ancora dimostrata l'esistenza di Civiltà Evolute, che hanno affiancato la Terra fin dai suoi albori e una di queste Civiltà siamo noi, una di queste Civiltà siete voi, cari Fratelli, voi che avete un abito di carne e ossa, ma che nel Dna avete scritto il cristallo di luce da cui provenite. I vostri filamenti si risveglieranno sempre di più e lo faranno velocemente. Pochi decenni e la Terra così come voi la conoscete non esisterà più. Il Paradiso di cui per millenni avete parlato, finalmente sarà vissuto da coloro i quali saranno stati in grado di aprire il loro cuore all'unica Forza e Verità del Cosmo: L'AMORE!

Dolce Creatura,

la Vita sulla Terra scorre attraverso Ere cosmiche che si possono osservare contemporaneamente da ogni punto della circonferenza galattica. Esiste un Cuore Galattico che emana Amore, costantemente e questo flusso è regolato da un Cristallo di Luce che trova corrispondenza in ogni dimensione, in ogni montagna e mare della Terra. Presto sarà scoperto ciò che esiste da sempre e cioè che l'interconnessione e lo scambio con Noi e con altre Civiltà dello Spazio e della Terra Interna avviene attraverso geometrie cristalline frattaliche, che creano il Movimento Divino nella nella Manifestazione della struttura molecolare di ogni cosa. Tutto è vivente, non esiste la materia "morta", tutto è vita in perenne movimento, che genera onde attraverso cui si espressa la comunione con ogni Essere. Ciò che credi di vedere non è ciò che E'! Dietro a ogni manifestazione esiste una corrispondente variabile del Gioco cosmico che tu attrai in base alla tua frequenza vibratoria, ecco perché è così importante "elevarsi", perché puoi percepire la tua multidimensionalità che vive contemporaneamente in ogni tempo e spazio e quando riuscirai a viverla, ogni verità sulla tua appartenenza verrà svelata nel tuo cristallo del cuore.

Nella mia ultima incarnazione sono stato un Esseno, un asceta nelle caverne e nelle grotte delle montagne sacre e anno dopo anno, nella più completa solitudine, mi sono fuso con l'Universo e sono "sparito" dalla visibilità della terza dimensione per entrare a far parte della Fratellanza della Terra Interna. La vita che conduco, anche se questo termine è improprio, è insieme ad altri Fratelli che hanno origini stellari e cosmiche, ma qui tutti ci adoperiamo per supportare l'Ascensione di Madre Gaia, da millenni, poiché nel nostro spazio tempo tutto è allargato e vive nella simultaneità della Coscienza. Posso dire che ognuno di noi ha un ruolo ben preciso, soprattutto negli ultimi anni della Terra, perché la diversità delle nostre Anime permette alla Sorgente di esplicare la sua funzione cosmica e di aiutare ognuno di voi in miliardi di modi differenti, affinché possiate ritrovare nel vostro cuore la Verità che vi è stata nascosta dall'Ombra.

Fratello caro, aggiungo semplicemente che la tua vita è nelle tue mani, devi soltanto ritrovare la fiducia nel tuo potere di Figlio del Divino, devi essere coraggioso nel cercare la Verità che è già in te e ogni cosa sarà co-creata nell'armonia e nella pace.

Sei benedetto dalla Fonte e da tutti noi.

Om Shanti Om

Fratello,

il Consiglio dei Saggi di Erks ti parla in questo momento. Prima di proseguire nella lettura, chiudi gli occhi, respira per qualche minuto, centrati nella frequenza del cuore e poi prosegui.

Noi siamo i Sacerdoti che ti stanno guidando nel sogno illusorio del mondo, per risvegliarti alla Luce che tanto hai inseguito. Noi ti osserviamo in ogni istante e sappiamo più di te stesso ciò che è necessario alla tua Anima per ascendere. Noi ispiriamo le tue idee e guidiamo le tue azioni disinteressate affinché tu possa rispondere alla Chiamata del Padre. Ora è il Tempo, non ve ne sarà un altro in questa Era Cosmica. Già fu accordato un prolungamento per permettere alla massa critica umana di incrementare la Coscienza Collettiva e di elevarla per accelerare il processo molecolare del Dna.

Ogni volta che un filamento diventa luce ascensionale, ti senti più sicuro e noi stabiliamo dei tempi terrestri per testare la tua forza perché si possano aprire altri sigilli. Quelle che tu chiami prove, per noi sono "test" necessari per verificare se un "alunno" sia davvero pronto per passare a un nuovo livello di informazione, senza che ricada nel labirinto egoico.

Noi ti sorridiamo con Amore quando il tuo cuore è aperto alla Gioia e ti parliamo nella scuola di Gaia per portare la tua frequenza al livello percettivo sensoriale che apre le porte invisibili sulla Realtà.

La Giustizia Divina è meritocratica e ogni sforzo che fai è per noi motivo di gioia poiché vediamo quanto il tuo cuore sia sempre più volenteroso di essere un Messaggero di amore nel mondo. Questo è il tuo ruolo, lo hai scelto e noi ti aiutiamo a sostenere l'abito di carne dentro le difficoltà che ti formano nelle aule dei continenti.

Se stai leggendo queste parole, sei chiamato alla Scuola Iniziatica di Erks, sei chiamato a rispondere secondo il tuo libero arbitrio, anche se in verità noi sappiamo bene che la tua Anima ha già detto SI! Ma sei tu, Figlio caro, che devi ritrovare il desiderio del cuore e trasmutarlo in realtà sulla Terra.

Noi siamo e sempre saremo al tuo fianco e ti sosterremo in ogni passo, perché questo è il nostro compito: risvegliarti all'Amore che hai dentro di te!

La Verità ti appartiene, ma il diritto di riprendertela è solamente tuo!

URU URU MAGUAK SIKIUK

Gioia eterna sia nel tuo cuore, Fratello di superficie,

siamo le Sorelle di Erks che hanno il compito di mantenere viva la Fiamma del Cristallo della Terra Interna. Le nostre amorevoli mani ti custodiscono ogni notte, quando viaggi nell'eterico mondo della Luce. Ti guidiamo secondo il tuo livello di consapevolezza, ti guariamo dai traumi con l'acqua benedetta dei cristalli di luce e attraverso gli Specchi riflettiamo le informazioni su tutti i tuoi corpi sottili affinché durante il giorno possano radicarsi nelle tue cellule.

Noi cantiamo l'Amore in ogni momento, ci alterniamo mantenendo la Frequenza del Cristallo sempre accesa sul tuo ritorno a Casa. Noi proveniamo da ogni luogo del Cosmo e in questo momento abbiamo scelto di operare in Erks, per diffondere le vibrazioni delle nostre costellazioni in ogni parte del mondo. Ogni essere umano risponde a Noi, nelle onde theta e delta del sonno noi ripuliamo i "cattivi pensieri" e ti inviamo nuovi codici che rispecchiano la tua appartenenza stellare. Possiamo vedervi nel futuro, insieme a noi e gioiamo sapendo che questo sogno che stai vivendo è fallace poiché è solo una proiezione che deve scrollarsi di dosso l'ignoranza della menzogna.

Il nostro amore è puro e incondizionato, noi operiamo in collaborazione con il Consiglio Galattico che è in accordatura al Campo Vibrazionale della Terra e siamo grate di poter servire insieme alla Fratellanza Bianca e ai Maestri Ascesi che hanno lasciato le loro splendide orme su Gaia.

Ti abbracciamo nel cuore poiché è lì che sperimenti la vita e solo aprendoti a lui potrai sentire il contatto con noi e con le Gerarchie della Luce.

Ricorda che il tempo lineare sta esaurendo il suo compito e che la tua missione è ESSERE AMORE INCONDIZIONATO.

Ti salutiamo nella Luce del Cristallo del Cuore Galattico!

Amico fraterno,

la Verità sta venendo alla luce e per farlo è necessario riscoprirla nelle ombre che offuscano ancora il tuo cuore. Tanti sono i messaggi canalizzati in questo momento come tante sono le basse frequenze che insidiano i lettori ingenui.

Quando il Cristo vi disse di essere puri come colombe e scaltri come serpenti, si riferiva precisamente a questo momento temporale, in cui i venti solari e stellari soffiano insistentemente sulla Terra. Egli vi disse di essere vigili perché solo nell'attenta osservazione del cuore è possibile discernere il vero. Noi non ti diremo mai che verremo a salvarti, noi non ti diremo mai cosa è giusto fare perché se vuoi vivere nell'Amore Incondizionato in cui noi viviamo, devi imparare a essere responsabile di te stesso, devi fare il salto quantico passando dalla testa al cuore e questa è una decisione soltanto tua. Noi continueremo a supportarti, ad amarti incondizionatamente, a inviarti tutte le flotte stellari perché tu possa credere al potere dell'Amore che vive in te.

Il canale che sta trasmettendo questo messaggio è solo uno strumento, ciò che conta è il MESSAGGIO che tu devi essere in grado di decifrare seguendo il tuo intuito. La bontà di una canalizzazione non sta nelle parole, ma nel loro senso più profondo; le parole devono vibrare dentro di te perché portino un risveglio che possa condurti alla tua scintilla. Nessuno può liberare nessuno, ognuno deve risuonare con la Sorgente secondo la propria e unica Vibrazione Animica e quindi ognuno di voi deve fare il "lavoro" personalmente.

La Confederazione Galattica è sempre più "presente", sempre più visibile attraverso le numerose navi stellari che sempre più vedrete, ma questo è soltanto il lato della forma che non può sostituire il vero contatto del cuore, perché alla fine è nel cuore che tutto avviene.

Caro Fratello, apriti all'ascolto di ciò che senti, lascialo fluire dentro di te, segui le vie che nel mondo si aprono e il contatto con noi sarà sempre più reale.

Ti salutiamo con amore stellare!

Il 2019 sarà un anno estremamente accelerato, sarà l'anno della costruzione tangibile delle Anime Antiche che abitano questo pianeta.

Fratello caro, le Anime Antiche si sono risvegliate da tempo e ognuna nel suo luogo sta compiendo la sua missione, ma questo anno sarà estremamente importante dal punto di vista della loro collaborazione in gruppi.

Si riuniranno e opereranno insieme, in piccoli gruppi creeranno basi solide su cui costruire comunità di fratellanza e condivisione.

In questi anni appena passati, si sono formate in solitudine e alcune di loro sono ancora alle prese con la completa trasmutazione alchemica del Dna, però tutte hanno già camminato a lungo, creando delle aperture di luce in tutto il mondo e questo significa che la Coscienza Collettiva farà sempre più balzi quantici in avanti, verso l'accoglienza di Nuovi Principi, basati sulla Legge dell'Amore. Il lavoro di molti secoli troverà concretezza e fattibilità poiché molte saranno le anime che si risveglieranno alla pace, che vorranno seguire soltanto il loro cuore, che rifiuteranno completamente la violenza e la competizione e tutto ciò si tradurrà in una nuova società che sarà pronta a vivere secondo le sole regole dell'Amore. Ovviamente non avverrà in un anno, ma questo 2019 segnerà l'inizio della Grande Opera in Terra. L'Opera sarà visibile a tutti, non solo agli iniziati e a coloro che hanno già scelto la Luce. Tutti vedranno il cambio e tutti dovranno riconoscerlo; poi ci sarà chi lo sceglierà e chi no, ma sarà visibile a chiunque. Quindi, caro Fratello amato dalle Stelle, abbi Fede e segui il tuo cuore perché siamo giunti al punto in cui il cuore è la sola Via da seguire. Solo l'Amore sarà parte del Nuovo Mondo e tu puoi prenderne parte fin da questo momento... e comprenderai che non sei MAI stato altro, da sempre!

LA SORELLANZA PLEIADIANA

Foto che ho scattato nel Marzo 2016 alla base del Cerro Uritorco

Questo è il messaggio di alcuni Fratelli di Luce che vivono e frequentano la Città Azzurra, meravigliosi Esseri che collaborano con noi soprattutto nel sonno, quando il corpo riposa noi siamo immersi in "aree di studio" vaste, nelle quali veniamo istruiti anche in gruppi che hanno una o più missioni in comune ed è per questo che sempre più avviene l'incontro fisico, in questo piano dimensionale. Molte anime si stanno riunendo alle loro Famiglie Cosmiche, con le quali scambiano informazioni e attivazioni nel piano di veglia, ma soprattutto in quello del sonno perché è più semplice comunicare. E quegli input vengono integrati nel piano di veglia attraverso incontri, nuove opportunità e anche percezioni sempre più profonde perché il nostro lavoro continua a scendere in profondità e a nutrirsi alla radice dell'Anima. E nel centro dell'Anima ogni cosa è già perfetta, ogni cosa è di una bellezza sconvolgente, ogni cosa è dono d'amore!

Sto terminando di scrivere questo libro in un luogo a cui sono molto legata: il mare di Vasto, un paese dell'Abruzzo, dove ho trascorso tutte le vacanze e non solo della mia vita.

Un luogo in cui la maggior parte della mia famiglia è nata e cresciuta, che mi ha insegnato l'amore per la propria terra e per coloro che l'hanno amata, che mi ha trasmesso la contemplazione del mare e del vento che fin da bambina mi faceva viaggiare insieme ai gabbiani e alle rondini.

Ho iniziato a scrivere a Erks e termino il 3 di gennaio del 2019, in un pomeriggio in cui il mare è grigio e agitato, con i fiocchi di neve che scendono dal cielo: un regalo inaspettato e immenso dell'universo! Erano moltissimi anni che non trascorrevo il capodanno qui e farlo oggi, da sola, con la consapevolezza allargata dalle esperienze di Erks, mi rende un'anima felice e grata, che ha acquisito la saggezza della solitudine e dell'operosa compagnia che possiamo avere con noi stessi. Rispettare i miei silenzi, prendermi le pause che desideravo, uscire camminando sulla riva del mare, mentre il vento agitava le onde e un raggio di sole squarciava il cielo illuminandomi il viso. Ho goduto di tutto, svegliandomi sorridente guardando l'alba, sbriciolando il pane ai passerotti affamati dal freddo inverno, respirando la notte con il cielo pieno di stelle, grandi e vicine che alzando il dito potevo toccarle.

Ho compreso che ciò che dobbiamo vivere, non dipende da noi, ma dall'universo.

Quando i progetti che desideriamo attuare e che sentiamo essere fatti per noi, non prendono subito forma o è necessario rimandarli, ci rimaniamo male, pensando che non meritiamo di viverli, mentre invece, se ci affidiamo totalmente all'universo li realizzeremo comunque, ma sempre con amore e pazienza, sempre con pace e armonia, sempre con gratitudine e silenziosa operosità.

La crescita è un cammino senza fine. Se ci paragoniamo a un anno fa ci sembra trascorso un secolo per i cambiamenti che in noi sono avvenuti e questo è indice di accelerazione e velocizzazione della rotazione dei Cristalli di Gaia che comunicano con noi e con il nostro cuore, con il suo meraviglioso cristallo che riflette sempre più luce e colori d'amore.

Mi sono lasciata condurre dal cuore e il cuore regala sempre molto più di ciò che immaginiamo perché vede in ogni tempo, permettendomi di viaggiare in luoghi energetici collegati a Erks e di portare il messaggio di comunione tra continenti lontani.

L'antica profezia del rincontro tra l'Aquila e il Condor si sta avverando, il rincontro d'amore tra passato e futuro dipende solo da quanto amore mettiamo nel Presente, da quanto siamo disposti a metterci AL SERVIZIO dell'Amore e della Luce.

Mi auguro dal profondo del cuore che ognuno di voi possa vedere sempre spunti di unione e non di separazione, perché la Vita è solo questione di prospettiva: vedila con il cuore e troverai ovunque AMORE!!!

RINGRAZIAMENTI

Ringrazio tutti gli amici spagnoli che mi hanno ospitato nel viaggio che mi ha permesso di scrivere gran parte di questo libro.

Rosa e Diego di Rasal che mi hanno portato alla scoperta dei Pre-Pirenei e fatto sentire il contatto con tanti luoghi energetici, che mi hanno "aperto" affinché proseguissi il mio viaggio fino a Barcellona.

Adriana e Josep per avermi guidato nelle escursioni nella terra dei Templari, dandomi la possibilità di visitare luoghi davvero magnifici e soprattutto nella Montagna di Montserrat, che mi ha rapito letteralmente. Adriana, inoltre, ha organizzato la presentazione del mio libro, permettendomi, per la prima volta, di diffondere Erks anche in Spagna.

Ringrazio Sonia che mi ha accompagnato nel viaggio, tutte le persone incontrate, coloro con cui ho condiviso momenti di scambio, di informazione e di amicizia.

Tutto è stato perfetto!

E per ultimo ma non certo per ultimo, ringrazio la mia Amata Erks, che mi permette di camminare per il mondo portando il suo messaggio d'Amore!

Per qualunque informazione potete contattarmi alla mail:

alessandrasambrotta.erks@gmail.com

e visitare il mio sito www.luniversodierks.it

INDICE

– INTRODUZIONE

– CAPITOLO I :   IL CAMBIAMENTO NELLA COSCIENZA

– CAPITOLO II :   COME VIVERE ERKS A DISTANZA

– CAPITOLO III :   IL CONTATTO CON I PIRENEI E I SUOI

                     GUARDIANI

– CAPITOLO IV :   SAN JUAN DE LA PEÑA

– CAPITOLO V :   LA MONTAGNA DI MONTSERRAT

– CAPITOLO VI :   LA MAGIA DENTRO LA MONTAGNA DI

                     MONTSERRAT

– CAPITOLO VII :   SIMILITUDINI E DIVERSITÀ TRA

                     MONTSERRAT E CERRO URITORCO

– CAPITOLO VIII :   IL MESSAGGIO DI COMUNIONE DEI

                     FRATELLI DI ERKS

– RINGRAZIAMENTI

Printed in Poland
by Amazon Fulfillment
Poland Sp. z o.o., Wrocław

62145044R00103